El cuidado del niño de cero a tres años en grupo

Una guía para establecer relaciones de colaboración con las familias

Segunda edición

Una colaboración entre el
Departamento de Educación de California
y WestEd

WestEd

Información editorial

El cuidado infantil: Una guía para establecer relaciones de colaboración con las familias (segunda edición) es producto de una colaboración entre el Departamento de Educación de California (CDE, por sus siglas en inglés), División de Educación Temprana y Apoyo, y el Centro para Estudios del Niño y la Familia de WestEd. Esta publicación en inglés fue editada por John McLean, en colaboración con Tom Cole y Lisa Duerr, asesores de la División de Educación Temprana y Apoyo del CDE. La obra fue preparada para su impresión por el personal de CDE Press: Cheryl McDonald diseñó y preparó la portada y el diseño de las páginas interiores; Jeannette Reyes tuvo a su cargo la tipografía del documento. Karen Phillips diseñó y preparó la portada y el diseño de las páginas interiores para la segunda edición; Faye Ong tuvo a su cargo la tipografía del documento.

La versión en español de esta obra corrió a cargo de David Sweet Cordero, traductor, bajo la dirección de Alicia Tuesta del Centro para Estudios del Niño y la Familia de WestEd y con la colaboración del panel editorial: Edilma Cavazos y Edna Rivera.

La obra fue publicada por el Departamento de Educación de California, 1430 N Street, Sacramento, CA 95814-5901, y se distribuyó de acuerdo a las disposiciones de la Ley de Distribución Bibliotecaria (Library Distribution Act) y el Artículo 11096 del *Código Gubernamental*.

La primera edición en inglés se publicó en 1990 con el título *Infant/Toddler Caregiving: A Guide to Creating Partnerships with Parents*. Se reimprimió en el 2005 con el título *Infant/Toddler Caregiving: A Guide to Creating Partnerships with Families*. La versión en español, titulada *El cuidado del niño de cero a tres años en grupo: Una guía para establecer relaciones de colaboración con las familias*, se publicó en el 2006.

La segunda edición en inglés se publico en 2010 con el título *Infant/Toddler Caregiving: A Guide to Creating Partnerships with Families (Second Edition)*. La versión en español, titulada *El cuidado del niño de cero a tres años en grupo: Una guía para establecer relaciones de colaboración con las familias (segunda edición)*, se publicó en el 2014.

ISBN: 978-0-8011-1705-3 (inglés)
ISBN: 978-0-8011-1746-1 (español)

Información para pedidos

Esta obra se puede adquirir del Departamento de Educación de California (CDE, por sus siglas en inglés). Si desea precios e información para hacer pedidos, visite la página en internet del departamento en http://www.cde.ca.gov/re/pn/rc) o llame a la Oficina de Ventas (Press Sales Office) de CDE Press al 1-916-445-1260 o al 1-800-995-4099 (gratuito).

Aviso

Las pautas que incluye la presente obra, *El cuidado infantil: Una guía para establecer relaciones de colaboración con las familias (segunda edición)*, no son obligatorias para las instituciones educativas locales ni para otras entidades. Excepto las leyes, regulaciones y fallos judiciales a los que se alude en su interior, este manual es un modelo y su seguimiento no es obligatorio. (Refierase a la sección 33308.5 del *Código Educativo*.)

Índice

Un mensaje del superintendente de instrucción pública del estado

Debido a que las familias dependen cada vez más del cuidado infantil fuera del hogar para satisfacer sus necesidades de trabajar y de estudiar, muchos niños de cero a tres años pasan periodos considerables de tiempo en los programas de cuidado infantil. Es más importante que nunca que nuestros niños más pequeños y vulnerables reciban un cuidado que sea seguro y saludable y que fomente su crecimiento y desarrollo óptimo. Cuando las familias inscriben a los niños de cero a tres años en programas de cuidado infantil de alta calidad, ellas establecen relaciones de colaboración que responden a las necesidades de desarrollo de sus hijos. Los programas de alta calidad colaboran estrechamente con los miembros de la familia para proporcionar a los niños los ambientes, los materiales y las relaciones que enriquecen su aprendizaje y su desarrollo.

En los últimos 25 años, el Departamento de Educación de California y WestEd han colaborado para crear el Programa para el Cuidado Infantil (PITC, por sus siglas en inglés), un sistema de capacitación de alta calidad con una biblioteca completa de materiales de consulta. Estos materiales de PITC ayudan a los maestros de cuidado infantil a proporcionar un cuidado infantil de alta calidad basado en las relaciones, en los centros de cuidado infantil y en los programas de cuidado infantil en el hogar. Un principio central y regidor que se enfatiza en todos estos materiales de consulta del PITC es la importancia de la participación de la familia, comenzando desde la infancia temprana y continuando a lo largo de los años de la edad escolar.

Esta segunda edición de *El cuidado infantil: Una guía para establecer relaciones de colaboración con las familias* proporciona tanto la visión como las pautas prácticas para establecer relaciones de colaboración con las familias. La obra alienta al personal en los programas de cuidado infantil a compartir información, crear un clima de confianza, responder a las preocupaciones de las familias y crear un ambiente positivo en el cual los padres y los miembros de la familia sientan que se les da la bienvenida y se les integra en todas las actividades del programa. También es importante que las familias se sientan parte del proceso de toma de decisiones respecto al cuidado de sus hijos. Esta publicación dedica atención especial a los temas que podrían causar tensión entre los cuidadores y los miembros de la familia, incluyendo al apego y la separación, el estrés en la familia y las preferencias respecto al cuidado infantil.

El futuro de nuestros hijos es nuestro futuro y los beneficios de ayudar a las familias a encaminar a sus hijos hacia el éxito se extenderán a lo largo de nuestras comunidades y nuestro estado. Espero que los programas de cuidado infantil utilicen esta obra para establecer relaciones de colaboración cariñosas con las familias y ofrecer a los niños pequeños el mejor cuidado y educación posible.

JACK O'CONNELL
Superintendente de Instrucción Pública del Estado

Agradecimientos

Las autoras de la primera edición de esta publicación fueron Mary B. Lane y Sheila Signer, bajo la dirección de J. Ronald Lally. Mary B. Lane dirigió el primer programa de capacitación de Head Start en el Área de la Bahía de San Francisco y sirvió de guía al proyecto preescolar croscultural (Cross-Cultural Education Project) que fue financiado por el Instituto Nacional de Salud Mental (National Institute of Mental Health). Sheila Signer es una asociada de programa en el Centro para Estudios del Niño y la Familia de WestEd y una de las principales creadoras del Programa para el Cuidado Infantil (PITC por sus siglas en inglés) de WestEd.

La elaboración de esta publicación fue realizada por WestEd, bajo la dirección de J. Ronald Lally. Agradecemos especialmente a Peter L. Mangione, Carol Young-Holt y Kathleen Bertolocci por su asistencia editorial; a Virginia Benson, Patricia Gardner, Emily Louw, Janet Poole, Mary Smithberger y Kathryn Swabel de la División de Educación Temprana y Apoyo del Departamento de Educación de California (CDE, por sus siglas en inglés), por su labor de corrección y sus recomendaciones respecto al contenido. También se agradece a los miembros de los comités nacional y de California por sus comentarios y sugerencias. Los miembros del comité nacional fueron T. Berry Brazelton, Laura Dittmann, Richard Fiene, Magda Gerber, Asa Hilliard, Alice Honig, Jeree Pawl, Sally Provence, Eleanor Szanton, Yolanda Torres, Bernice Weissbourd y Donna Wittmer. Los miembros del comité de California fueron Dorlene Clayton, Dee Cuney, Ronda Garcia, Jacquelyne Jackson, Lee McKay, Janet Nielsen, Pearlene Reese, Maria Ruiz, June Sale, Patty Siegel y Lenore Thompson.

Esta segunda edición amplía la información acerca de cómo colaborar con familias de niños de cero a tres años con culturas diversas. Además, integra dos conceptos importantes que están cambiando la manera en que los programas se relacionan con las familias como colaboradores: el cuidado centrado en la familia y el instinto protector. El cuidado centrado en la familia considera y aprecia a las familias como socios igualmente competentes en el cuidado infantil, el aprendizaje y las experiencias diarias de los niños. El cuidado centrado en las familias también respeta el papel primordial de la familia en la vida del niño e integra en el programa de cuidado infantil a las familias, sus culturas, intereses, valores y prácticas para fomentar la conexión entre el niño y su familia. El concepto del instinto protector se basa en la suposición que tanto las familias como los maestros del cuidado infantil experimentan emociones intensas cuando comparten la responsabilidad de cuidar de los bebés.

Esta obra ofrece estrategias para que los maestros de cuidado infantil apacigüen los sentimientos encontrados que experimentan las familias respecto a tener que recurrir al cuidado infantil fuera del hogar y aborden sus propios sentimientos respecto al cuidado y aprendizaje infantil.

Sheila Signer revisó esta guía bajo la dirección de J. Ronald Lally y Peter L. Mangione, Codirectores del Centro para Estudios del Niño y la Familia de WestEd y creadores del PITC, y en colaboración con la División de Educación Temprana y Apoyo del CDE. Quisiéramos agradecer especialmente a los autores y asesores que contribuyeron a este proyecto: Janet Gonzalez-Mena, Janis Keyser, Senta Greene, Rebeca Valdivia, Deborah Greenwald, Alicia Tuesta, Janet Poole y Cathy Tsao, de WestEd; y a Mary Smithberger y otros miembros del personal de la División de Educación Temprana y Apoyo del CDE, por su corrección y recomendaciones respecto al contenido. Sara Webb-Schmitz y Eva May Gorman, ambas de WestEd, proporcionaron apoyo editorial.

La versión en español de esta obra corrió a cargo de David Sweet Cordero, traductor, bajo la dirección de Alicia Tuesta del Centro para Estudios del Niño y de la Familia de WestEd y con la colaboración de los miembros del panel editorial, constituido por representantes de varios países hispanohablantes, quienes a su vez son especialistas en el campo de la infancia temprana y del Programa para el Cuidado Infantil: Edilma Cavazos (Mejico), Edna Rivera (Puerto Rico) y Alicia Tuesta (España).

Nota: Por tradición, nos referimos a las personas más importantes en las vidas de los niños como sus "padres". Al reconocer la diversidad de las familias que crían y dan cariño a los niños de cero a tres años en los Estados Unidos, esta guía utiliza los términos familias, miembros de la familia y, con menor frecuencia y de manera más específica, padres. De esta manera esperamos ofrecer a los maestros de cuidado infantil una manera distinta y más inclusiva de pensar acerca de todas las personas importantes en la vida del niño.

Notas sobre la traducción:

En los diferentes países de habla hispana se utilizan distintos términos para referirse a los niños desde el nacimiento hasta los tres años de edad, por ejemplo, "los bebés", "los lactantes", "los trotones", "los andarines", "los párvulos", etc. Para evitar confusión, en los materiales educativos del Programa para el Cuidado Infantil (PITC por sus siglas en inglés) se refiere a los niños de esta edad como "los niños de cero a tres años". Para referirse a las distintas edades de la infancia, se usan los siguientes términos: "bebés tiernos" (0–9 meses); "bebés que se movilizan" (6–18 meses) y "bebés mayorcitos" (16–36 meses). Se usa la palabra "bebé" por si sola para referirse a un bebé de cero a 18 meses y las expresiones "bebé mayorcito" o "niño pequeño" para referirse a lo en inglés se llama "*toddler*" de 16 a 36 meses de edad.

Los materiales de PITC utilizan el término "maestro de cuidado infantil" para referirse a las personas que cuidan y fomentan el desarrollo y aprendizaje de de los niños de cero a tres años.

Los nombres, los títulos y las afiliaciones de los individuos enumerados en estos agradecimientos estaban actualizados al momento de producirse esta obra.

Introducción

Cuando un niño muy pequeño ingresa a un programa de cuidado infantil, tanto el bebé como su familia experimentan cambios dramáticos en sus vidas. El bebé se enfrenta, generalmente por primera vez, al desafío de adaptarse a un ambiente extraño, rutinas distintas y relaciones nuevas. Los padres de los bebés y los miembros de la familia con frecuencia deben adaptarse al difícil cambio de tener que compartir el cuidado infantil con alguien fuera de la familia. Cuando una familia se inscribe en un programa de cuidado infantil por primera vez, los miembros de la familia casi siempre se preocupan y se preguntan: ¿Realmente cuidará y se preocupará por mi hijo como debe ser el maestro de cuidado infantil? Las familias buscan a una persona a quien le puedan confiar a su bebé. Ellos quieren saber que su hijo va a recibir protección y cariño. Ellos también necesitan a alguien que entienda y respete sus sentimientos y preferencias respecto al cuidado infantil, y que proporcione la continuidad entre el programa de cuidado infantil y el hogar que cada niño necesita.

La relación estrecha entre un bebé y los miembros de su familia es esencial tanto para que el niño tenga un desarrollo emocional saludable como para el bienestar emocional de la familia. Los maestros de cuidado infantil necesitan apoyar de manera activa los lazos familiares existentes, especialmente durante los primeros meses de cuidado infantil, cuando la familia y el niño se están adaptando a esta nueva situación. Expresar apoyo hacia el apego del bebé con los miembros de la familia ayudará a mitigar la preocupación de los padres respecto al cuidado infantil fuera del hogar. Los miembros del la familia que ven que la relación de su hijo con el maestro de cuidado infantil complementa, y no compite, con los valores y costumbres de la familia, expresarán con mayor facilidad sus preocupaciones acerca de la crianza del niño al maestro de cuidado infantil. Ellos también sentirán confianza en que el maestro de cuidado infantil respetará su papel como padres.

Las familias de los bebés que ingresan a un programa de cuidado infantil con frecuencia experimentan una gama de emociones, tales como la ansiedad y la preocupación. Los maestros de cuidado infantil sensibles aprenden a no ofenderse cuando los padres de familia u otros miembros de la familia expresan

sus preocupaciones. Estos maestros se dan cuenta que tanto la familia como los niños, necesitan recibir apoyo para sentirse tranquilos y ellos se proponen darles ese apoyo de forma intencional, y nunca actuan como si fueran padres suplentes. Los maestros de cuidado infantil y los líderes de programa que fomentan los lazos familiares de los niños pueden crear un sentimiento de comunidad entre las familias del programa y los miembros del personal. Ellos lo pueden lograr al llevar a la práctica actividades que alientan a las familias a interactuar entre sí y a abordar las necesidades e intereses que tengan en común.

Las interacciones cordiales y personales entre los maestros de cuidado infantil y los miembros de la familia son importantes para desarrollar confianza en esas relaciones. Las interacciones cotidianas, como las conversaciones amistosas a la hora de dejar y recoger a los niños en el programa, pueden ayudar a los miembros de la familia a sentirse acogidos y valorados en el programa de cuidado infantil. De manera semejante, los gestos amables de los maestros de cuidado infantil, como por ejemplo, al ofrecer café, té u otros refrigerios a los miembros de la familia al final del día pueden alentar a los miembros de la familia a hacer preguntas acerca de la conducta del niño. El establecimiento de relaciones de apoyo recíprocas exige habilidad y planificación, pero los maestros de cuidado infantil cuyas palabras y actos hagan que los miembros de la familia se sientan acogidos pueden fomentar la participación de las familias en el programa de cuidado infantil y establecer las bases de una relación de colaboración con ellas.

Primera sección:
Cómo establecer relaciones de colaboración

Las relaciones de colaboración entre los maestros de cuidado infantil y las familias son centrales para el cuidado infantil de alta calidad para todos los niños de cero a tres años, en cualquier tipo de programa y circunstancias de vida.

E s primordial establecer una colaboración auténtica entre los maestros de cuidado infantil y las familias de los niños que participan en su programa. Cada socio en la colaboración desempeña un papel esencial, aunque muy distinto. El reconocido experto en desarrollo infantil, Ed Zigler, señala que en esta relación, la familia debe ser vista como el socio principal, debido a que la influencia de la familia en la vida del niño es mucho mayor y más duradera que la del programa.* Al trabajar en colaboración, los miembros de la familia y los programas de cuidado infantil cuentan con una valiosa oportunidad para apoyarse y fortalecerse mutuamente. Juntos, ellos pueden crear una experiencia de cuidado infantil enriquecedora que esté en armonía con la vida del niño en casa. Los niños de cero a tres años se desarrollan plenamente cuando cuentan con la continuidad y la capacidad de predecir que les proporciona la existencia de rela-

ciones de colaboración entre el programa de cuidado infantil y las familias. Sin embargo, las relaciones de colaboración no se dan de manera automática; éstas requieren la existencia de una preocupación compartida por el bienestar del niño, un deseo de establecer relaciones de confianza y la capacidad de colaborar.

Las relaciones de colaboración para el cuidado infantil no se limitan a las familias y al personal del programa, dado que también incluyen a los parientes,

*Tomado de la reunión del California Infant/Toddler Learning and Development Program Guidelines Advisory Panel (Comité Consultor sobre las Pautas del Programa sobre el Aprendizaje y el Desarrollo Infantil de California), mayo de 2003.

amistades y vecinos, a los especialistas, los profesionales de salud infantil y a otros socios dentro de la comunidad, así como las agencias que prestan servicios de apoyo a las familias. Todos los socios se benefician de los conocimientos de los demás y comprenden el papel vital que cada uno de ellos juega en la vida del niño. Esta comprensión se adquiere por medio de las comunicaciones bidireccionales y multidireccionales.

Las comunicaciones bidireccionales y multidireccionales

La comunicación bidireccional entre las familias y los programas es un elemento esencial para establecer relaciones de colaboración con las familias. Esta comunicación ocurre en intercambios abiertos en los que se solicitan y se respetan las aportaciones de cada persona. La comunicación bidireccional proporciona datos indispensables a ambas partes y crea la confianza para compartir el cuidado del niño. El concepto de la comunicación bidireccional podría parecer sencillo, pero el invitar y alentar a las familias a participar y comunicarse con libertad en

las actividades del programa puede ser difícil.

Tradicionalmente, muchos de los programas de cuidado infantil han compartido información de forma unidireccional. Por ejemplo, un programa podría comunicar información a las familias por medio de varios métodos, como los registros diarios con la información del día, los boletines informativos, los manuales para familias, artículos y libros, tableros de avisos y conferencias con las familias. Estas formas de comunicación unidireccionales necesitan modificarse para incluir las perspectivas, las preocupaciones y las contribuciones de las familias. Las interacciones verbales en las que ambas o todas las partes involucradas expresan sus puntos de vista fomentan la comunicación bidireccional o multidireccional. He aquí algunas estrategias para poder transformar la comunicación unidireccional en comunicación bidireccional.

- Distribuya boletines informativos que incluyan artículos escritos por las familias del programa.

- Cree un manual para las familias que incluya los comentarios de las familias y los idiomas de las familias (si fuera posible).

- Utilice tableros de avisos, que incluyan secciones para las ideas, inquietudes y necesidades de las familias.

Las comunicaciones multidireccionales también son importantes, dado que crean un sentimiento de comunidad en los programas de cuidado infantil, el cual ayuda a fortalecer los programas. He aquí algunos ejemplos de la comunicación multidireccional:

- Un maestro de cuidado infantil se reúne con dos o más miembros de la familia para aprender acerca de las prácticas de crianza de su cultura. Cada persona tiene la oportunidad de describir su método.

- Los maestros reúnen a dos o más familias para intercambiar información o colaborar en un proyecto. Los maestros pasan la mayor parte de su tiempo escuchando.

- Los equipos multidisciplinarios incluyen a miembros de la familia al reunirse a conversar acerca de un niño con necesidades especiales. Cada participante contribuye con información que ayuda a aclarar la situación.

El contacto inicial con el programa

Las relaciones de colaboración entre las familias y el programa comienzan con los intercambios de información, entre dos o varias personas, durante el primer contacto que la familia tiene con el programa. La calidad del primer contacto puede sentar las bases para establecer una relación más profunda con los maestros de cuidado infantil y los miembros de la familia, en caso que la familia decida inscribir al niño en el programa. La relación puede comenzar con una llamada telefónica o un correo electrónico de una familia. En cualquier caso, las preguntas de la familia probablemente serán de carácter práctico: si hay espacio para su hijo en el programa, las edades y la cantidad de niños en el programa, los costos y el horario de servicios. Las familias podrían preguntar si el programa admite a niños con discapacidades o necesidades especiales, si tiene la capacidad para cuidar a niños con discapacidades graves o si se pueden comunicar en otros idiomas, además del inglés. Si una familia que pide información acerca del programa se siente alentada por el primer contacto, es probable que decida tomar el siguiente paso y visitar al programa.

Las relaciones de colaboración emergen a través del tiempo y la paciencia, en los programas que están comprometidos a servir y dar cariño a las familias y los niños.

El primer encuentro

Si usted trabaja en un programa de cuidado infantil, su primer encuentro con la familia de un niño es una gran oportunidad para comenzar a establecer una relación de confianza. Establezca una hora y un lugar determinado para poderse sentar cómodamente con uno o más miembros de la familia y así hablar con pocas interrupciones. Después, ustedes pueden llevarlos a los salones de cuidado infantil para mostrarles el programa en acción. Si usted es un proveedor de cuidado infantil en el hogar y no tiene quien le ayude con el cuidado de los niños mientras habla con las familias, podría pedir a las familias que le visiten al final del día para que puedan observarle mientras los niños están presentes. Luego, usted se puede sentar a hablar con ellos, después que los niños se hayan ido. Durante estas visitas, usted y los miembros de la familia estarán explorando si el programa satisface las necesidades y preferencias de la familia lo suficiente como para considerar incribirse.

La primera visita es un buen momento para ofrecer información acerca del programa y aprender acerca de las expectativas y deseos de la familia. Una conversación acerca de la filosofía del programa, sus pautas y sus prácticas, debe destacar el enfoque centrado en la familia del programa de cuidado infantil. Mientras conversan, asegúrese de fomentar el diálogo y dar tiempo a los miembros de la familia para que hagan preguntas, ofrez-

can opiniones y compartan información. Durante la reunión, quizás usted quiera comunicar lo siguiente:

- Su interés en aprender acerca del niño desde el punto de vista de la familia

- El compromiso del programa de incluir a todos los niños y a sus familias

- La información acerca de las operaciones diarias del programa

Es posible que usted también quiera que la familia se sienta tranquila acerca del programa de cuidado infantil. He aquí algunos puntos que podría tomar en cuenta:

- En el cuidado infantil centrado en la familia, los miembros de la familia participan plenamente en el cuidado de su hijo, a través de un proceso de colaboración.

- El papel del programa de cuidado infantil es complementario al cuidado que proporciona la familia. Su papel es dar apoyo a la familia al dar cuidado, cariño y educación a su hijo, pero no convertirse en un sustituto de la familia.

- En contraste con la idea de "perder" a su hijo, las familias que recurren al cuidado infantil con frecuencia ganan fortaleza en su labor de ser padres, ya que expanden su red de apoyo e influencia cuando se incorporan a la comunidad de cuidado infantil.

- La inscripción en los programas de cuidado infantil amplía las experiencias sociales y educativas de los niños.

Refuerce las conversaciones iniciales al proporcionar a los miembros de las familias materiales, escritos con claridad, que describan las pautas y prácticas del programa y que reafirmen la importancia del papel de la familia en el cuidado de su

Cuando se inscribe un niño, se inscribe la familia.

hijo. Asegúrese que los materiales escritos indiquen claramente que su programa da la bienvenida a una gama de culturas y de capacidades individuales. Los materiales también deben explicar la filosofía del programa respecto a cómo guiar el comportamiento y a la socialización. Explique que su programa y sus prácticas puden cambiar y adaptarse, ya que existe un compromiso por parte del programa de fortalecer las relaciones con las familias y mantener un diálogo continuado con ellas. Recuerde enfatizar este compromiso de colaboración con las familias.

Las palabras pueden ser malinterpretadas. No importa cuan cuidadosamente se preparen los materiales por escrito, las familias podrían malinterpretar su mensaje. Durante las conversaciones iniciales con las familias, asegúrese de hablar de todos los temas importantes y también señalar la información en los materiales escritos. Escuche con atención las respuestas de los miembros de la familia para asegurarse que hayan entendido la información. Esto le ayudará a evitar malos entendidos en el futuro.

La visita a las instalaciones del programa

Una buena manera de demostrar la dedicación del programa al bienestar de los niños, es mostrar a la familia el ambiente del cuidado infantil. Es posible que las familias no sepan lo que buscan, por lo que debe destacar los aspectos del entorno que alientan a los niños a explorar e interactuar. Señale el tipo de mobiliario, los juguetes y los materiales que proporciona su programa para apoyar el desarrollo de niños con habilidades, etapas de desarrollo e intereses distintos.

La visita a las instalaciones del programa de cuidado infantil proporciona una oportunidad valiosa para aliviar las preocupaciones más frecuentes de las familias con niños de cero a tres años respecto a la salud y la seguridad. Señale que el entorno está organizado de manera que se garantice la seguridad y la higiene. Por ejemplo, en un centro de cuidado infantil, muestre como el maestro de cuidado infantil sigue los procedimientos higiénicos correctos al cambiar un pañal. Si usted es un proveedor de cuidado infantil en el hogar, puede hacer la demostración personalmente. Las familias se tranquilizarán al ver un entorno limpio que fomenta la salud y la seguridad. Usted también puede mostrar a las familias que el programa está preparado para proporcionar primeros auxilios y resucitación cardiopulmonar (CPR, por sus siglas en inglés). Al subrayar estos y otros aspectos, como las areas cercadas por seguridad y la información sobre las alergias de los niños, ayudará a tranquilizar algunas de las preocupaciones que los miembros de la familia podrían tener acerca de dejar a sus hijos en su programa.

Si cuenta con áreas al aire libre, asegúrese de mostrarselas también a los

miembros de la familia. Enfatice que el aire fresco, la luz natural y el contacto con la naturaleza son esenciales para el crecimiento y desarrollo infantil. Muestre cómo el espacio al aire libre está dispuesto para garantizar la seguridad y alentar la exploración, y describa cuando se ofrece y cómo se supervisa el tiempo de juego al aire libre. Si tiene espacio limitado o no cuenta con áreas al aire libre, explique cómo aprovecha al máximo el uso del espacio a su disposición y mencione que usted proporciona a los niños oportunidades para jugar al aire libre en un parque cercano de la localidad.

El proceso de ingreso

Una vez que los miembros de la familia le hayan visitado y observado en el programa, que hayan leído los materiales informativos y que se les haya aclarado cualquier pregunta, ellos decidirán si su programa es el adecuado para ellos y para su hijo. Si ellos deciden inscribir al niño, el siguiente paso es el proceso de ingreso: la entrada y transición del niño al programa. Usted necesitará cear un plan para ayudar al niño y a su familia con este proceso.

Las expectativas y los requisitos de las familias

Al reunirse con los miembros de la familia, pregunte acerca de sus requisitos y expectativas respecto al cuidado infantil. Descríbales la filosofía de su programa respecto a facilitar el ingreso del niño en el programa de cuidado infantil y pregúnteles cómo quisieran proceder. Algunas familias necesitan cuidado infantil con mayor urgencia que otros. Sin embargo, explique que un proceso de ingreso gradual les puede ayudar al niño y a la familia a adaptarse al programa con mayor facilidad. Evite un estilo o tono intransigente al explicar esta filosofía. Si usted presiente que la familia está ansiosa de comenzar tan pronto como sea posible, ofrezca un plan para el ingreso del

> ## Los padres necesitan saber que usted puede ayudarles con determinadas preocupaciones acerca de su hijo.

niño, que se adapte a las restricciones de tiempo de la familia a la vez que procure un ingreso gradual. En la tercera sección presentamos un posible plan a seguir.

El desarrollar un plan que apoye la adaptación del niño al nuevo ambiente le presenta a las familias y a los programas una gran oportunidad de colaboración. Los miembros de la familia y los maestros de cuidado infantil se beneficiarán del intercambio de información. Por ejemplo, muchos maestros conocen los distintos temperamentos infantiles y saben que algunos niños se adaptan más fácilmente que otros; y que un niño cauteloso se resiste si se le presiona a que se integre al grupo. La familia puede decirle al maestro de cuidado infantil cómo reacciona su hijo frente a situaciones nuevas. Cuando los miembros de la familia añaden sus conocimientos acerca del niño a los conocimientos que el maestro de cuidado infantil tiene acerca de los niños en general, se facilitan las transiciones al programa de cuidado infantil.*

Cómo responder a las preocupaciones especiales

Las familias con frecuencia tienen peticiones y preocupaciones especiales. El entender estas preocupaciones y el acceder a las peticiones de las familias, especialmente durante las primeras etapas de la inscripción, son pasos importantes hacia el establecimiento de una relación de confianza. Por ejemplo, es posible que un niño tenga necesidades dietéticas especiales o que sea alérgico a ciertos alimentos. Las familias podrían pedir que se hagan excepciones como usar pañales especiales (de tela en lugar de desechables), como llegar tarde o recoger temprano al niño para ir al médico o de vacaciones con la familia o pedir adaptaciones al entorno para un niño con discapacidades. Lo ideal es que usted y las familias puedan hablar sobre estos temas antes que el niño ingrese al programa. Sin embargo, las situaciones familiares pueden cambiar después que el niño esté en el programa por algún tiempo, por ejemplo, cuando se determina que un niño tiene una discapacidad que no se había identificado en el momento de la inscripción. En dichas circunstancias, los acuerdos entre la familia y el programa se tienen que modificar, conforme cambian las circunstancias, los horarios y los sistemas de apoyo. Si se comienza con acuerdos claros, esto puede

*Usted puede aprender más acerca de este tema del DVD titulado: *Flexible, cauteloso, o inquieto: Los temperamentos de infantes* del Programa para el Cuidado Infantil (PITC por sus siglas en inglés). Puede obtener más información acerca del DVD al final de esta sección.

ayudar a limitar las posibles causas de tensión entre las familias y el programa.

Los acuerdos de negocios y del programa

Los asuntos de negocios del programa deben abordarse y acordarse antes que el niño ingrese al programa. Cuando no se establecen los acuerdos con claridad, es probable que surjan problemas en las siguientes áreas:

- Los acuerdos sobre los pagos de las cuotas
- Los horarios de llegada y de salida
- Las normas de salud y la planificación para las emergencias

Los acuerdos sobre los pagos de las cuotas

El tratar los aspectos de negocios del programa con las familias puede a veces presentar un reto. Proporcione a las familias información acerca de los pagos de las cuotas de manera clara y amistosa, y dele las pautas por escrito. Si el programa tiene una pauta que señala que el retraso en los pagos puede ser motivo de suspensión de la inscripción del niño, dicha posibilidad debe indicarse claramente en el momento de la inscripción. Vea el

9

apéndice B si desea ver un ejemplo de un contrato entre una familia y un programa de cuidado infantil.

Los horarios de llegada y de salida

En una época en que las familias trabajan y tienen que desplazarse largas distancias, bien usando transporte público o su propio vehículo, los temas relacionados con los horarios de llegada y salida a veces pueden provocar tensiones. Una causa frecuente de tensión es la llegada tardía, ya sea por la familia o por los miembros del personal del programa. Los padres de familia que trabajan y tienen que esperar a un maestro de cuidado infantil que llega tarde al turno de la mañana para abrir el programa de cuidado infantil, o a un proveedor de cuidado infantil en el hogar que no se encuentra en casa, pueden sentirse frustrados. De manera similar, los maestros de cuidado infantil con frecuencia sienten frustración cuando un miembro de la familia llega 20 ó 30 minutos después de la hora del cierre del programa, o espera recibir cuidado infantil antes de la hora del inicio normal del programa.

Las familias y los maestros de cuidado infantil a veces tienen ideas distintas acerca de cuáles son las horas más adecuadas para llevar o recoger a los niños.

Los maestros podrían preferir que los niños lleguen alrededor de la misma hora cada día, en tanto que los miembros de la familia podrían preferir un horario más flexible. A un miembro de la familia cuyo horario cambia con frecuencia podría serle imposible llegar a cierta hora con regularidad, o bien, una madre podría querer pasar el mayor tiempo posible con su bebé.

En general, un programa debe tratar de adaptarse a los horarios preferidos por las familias siempre que sea posible y siempre y cuando estos estén dentro de los horarios de apertura del programa. Aunque los maestros de cuidado infantil podrían sentir que es mejor para un niño tener un horario regular, el compromiso del programa de proporcionar un cuidado infantil centrado en la familia significa que se le dará prioridad a las preferencias de la familia.

Las normas de salud y la planificación para las emergencias

Las familias y el personal del programa necesitan tener claro cómo van a colaborar para apoyar la salud del niño. Usted puede ayudar a los miembros de la familia a sentirse menos preocupados al comunicarles qué pueden esperar del programa y de que manera les puede proporcionar apoyo. Anime a la familia a expresar sus preocupaciones y ofrezca la siguiente información cuando sea necesario:

- Explique las normas de salud del programa y su capacidad de adaptarse a las necesidades de distintas familias.

- Exprese su compromiso de trabajar estrechamente con profesionales y especialistas médicos.

- Respetando la confidencialidad, comparta las distintas maneras en que otras familias y niños han tratado con distintas enfermedades u otras condiciones relacionadas con la salud.

- Comparta información acerca de los sistemas de apoyo, los recursos disponibles en su comunidad y otras ayudas adicionales que las familias tienen a su disposición.

En esta área vital de la colaboración, los maestros de cuidado infantil y las familias tienen que depender unos de otros para garantizar la salud y seguridad de cada niño. Ambos socios en colaboración deben planificar para las emergencias y coordinar sus planes. Deben establecerse procedimientos para tratar con situaciones como las siguientes: un proveedor de cuidado infantil que se enferma; un niño que se lastima o se enferma en el transcurso del día; un niño con alguna condición médica crónica que padece una crisis; un miembro de la familia que tiene problemas con el auto, o un evento de gravedad o un terremoto o inundación que requiere el desalojo de los niños. La familia debe tener un plan que incluya a un mínimo de dos individuos que puedan intervenir de improviso para asumir el papel de padres. En el caso de las familias recién llegadas a la zona o que se encuentren alejadas de sus amistades o parientes, el programa puede ofrecer apoyo adicional, como un plan para prestarles ayuda en caso que occuran sucesos inesperados.

Las consideraciones acerca del tiempo para la participación de la familia

También es importante hablar de la cantidad de tiempo que una familia podrá pasar participando en el programa de cuidado infantil. Hay muchas maneras en que las familias pueden ser una parte integral del programa. He aquí las oportunidades y responsabilidades más importantes en que deben pensar las familias durante el proceso de inscripción:

- Los intercambios diarios de información

- Las conversaciones más extensas acerca del niño
- La participación en las actividades del programa

Los intercambios diarios de información

Los niños de cero a tres años se desarrollan con tanta rapidez que hay cosas nuevas que compartir casi todos los días. Explique a los miembros de la familia que los intercambios diarios de información en persona son muy importantes para que la experiencia en el programa de cuidado infantil sea satisfactoria, tanto para el niño como para la familia y los maestros de cuidado infantil. Explique que los encuentros que se dan cuando se lleva y recoge a los niños al programa son especialmente valiosos debido a que ofrecen una manera personal e inmediata de intercambiar información y de tener conversaciones espontáneas. Por ejemplo, a la hora de dejar al niño, un miembro de la familia podría hacerle saber al maestro que el bebé paso una noche difícil y que probablemente necesitará una siesta adicional. Otro niño podría necesitar una medicina o haber tenido una emergencia familiar. Al final del día, el maestro de cuidado infantil debe compartir con los miembros de la familia cómo le fue al niño en el programa del cuidado infantil.

Si los miembros de la familia no están disponibles para las comunicaciones directas a las horas de llegada y salida, los intercambios de información se pueden hacer de otras maneras. Por ejemplo, por medio de un cuaderno de notas compartido entre la familia y el programa, el cual es como un "libro sin terminar" que contiene páginas alternas para el miembro de la familia y el maestro de cuidado infantil. El cuaderno de notas generalmente se guarda en el área donde se encuentra el registro de firmas de asistencia. A veces

la familia se lleva a casa el cuaderno y lo devuelve al programa por la mañana con observaciones o apuntes. Los miembros de la familia y maestros también pueden comunicarse por teléfono o correo electrónico.

Pregunte a los miembros de la familia cómo prefieren comunicarse con usted. Algunos maestros de cuidado infantil se comunican con los miembros de la familia por correo electrónico o teléfono (incluso con envíos de fotografías por teléfono celular) para que la familia esté al tanto de las experiencias diarias del niño a lo largo del día.

Sin importar la forma en que se haga, los intercambios de información deben incluir temas como los siguientes:

- Observaciones de la familia acerca del niño en el hogar, y cualquier cambio en el cuidado del niño en casa

- Observaciones del maestro de cuidado infantil acerca de los descubrimientos del niño, sus intereses y exploración del ambiente de cuidado infantil.

- Los logros del niño (como sus avances respecto al uso del baño)

- El estado de ánimo del niño y sus interacciones sociales

Las familias valoran mucho los comentarios o apuntes que hace el maestro de cuidado infantil principal acerca de su niño, especialmente aquellos que describen los momentos especiales, por ejemplo, cuando el niño aprende una palabra nueva o hace algo gracioso. Es importante que los maestros compartan cuánto disfrutan cuidando al niño y cómo aprecian las habilidades que está adquiriendo el niño. Siempre que sea posible, señale a los miembros de la familia el papel tan importante que juegan ellos en el aprendizaje de sus hijos. Aunque los miembros de la familia podrían a veces tener prisa, ellos generalmente aprecian mucho las comunicaciones diarias, pues reconocen que estas comunicaciones muestran el esfuerzo compartido para apoyar el desarrollo del niño.

Las familias disfrutan escuchar información sobre sus niños.

Las conversaciones más extensas

Aunque los horarios de llegada y salida a veces son oportunidades importantes para la comunicación, generalmente es mejor ponerse de acuerdo acerca de cuáles de estos momentos son mejores para tener conversaciones más extensas. Al final del día es mejor para algunas familias porque a esa hora no tienen que apresurarse para llegar al trabajo. Sin embargo, al final del día, el niño podría estar cansado, deseoso de irse a casa o hacerserle difícil tener que esperar a recibir atención de sus padres. Si el niño no puede esperar tranquilo mientras usted habla con el miembro de la familia, o bien, si usted necesita hablar acerca de la conducta del niño, trate de hacer una cita para poder tener una conversación más abierta en otro momento. Los temas pueden incluir la causa de la conducta reciente del niño, una pauta nueva en el programa, el nivel de apoyo que el padre necesita para poder asumir un papel de liderazgo en el programa o si necesita ayuda para completar los formularios requeridos por el programa. Si el niño es capaz de esperar tranquilo, jugando, es posible que usted pueda hablar con el miembro de la familia mientras recoge los juguetes del salón o efectúa alguna otra labor. Estos momentos también ayudan a que el niño sepa que existe una relación estrecha entre su maestro y su la familia y a fortalecer la confianza que la familia tiene en el programa de cuidado infantil.

La participación de la familia en las actividades del programa

Dependiendo de los requerimientos establecidos por la fuente de financiamiento o por la filosofía del programa, algunos programas de cuidado infantil, especialmente las cooperativas y los programas Head Start, piden a los miembros de la familia que observen, ayuden de alguna manera o colaboren con los niños en el programa de cuidado infantil. Antes de inscribir al niño en el programa, es importante hablar con las familias acerca de cuánto tiempo se requerirá de ellos. A través de sus conversaciones busque llegar a un acuerdo que se acerque lo más posible a los requisitos del programa y aquello con lo cual la familia esta dispuesta y puede cumplir. En una verdadera relación de colaboración entre la familia y el programa, los miembros del personal comprenden que ellos podrán proporcionarle el mejor cuidado a un niño cuando se adapten a las circunstancias y preferencias de la familia.

Cómo sentar las bases para generar confianza en las relaciones

El llegar a conocer las familias y ganarse su confianza son elementos esenciales del proceso de inscripción. En un pro-grama que tiene un solo maestro de cuidado infantil, como un programa de cuidado infantil en el hogar pequeño, el miembro de la familia, el niño y el proveedor comienzan a establecer una relación desde el principio. En los centros de cuidado infantil, con frecuencia hay un proceso de dos pasos en el que el líder del programa o el encargado de la inscripción presenta el programa a la familia, proporciona y recopila información en las primeras etapas de la inscripción y luego presenta a la familia al maestro de cuidado infantil, que será el principal responsable del cuidado del niño. En esta situación, el líder del programa proporciona apoyo conforme el maestro comienza a asumir el papel de ser el contacto principal para el niño y la familia. Estas relaciones nuevas se podrán establecer más fácilmente si el maestro asignado al niño habla el idioma de la familia.

Cómo empezar a conocerse

En los programas de cuidado infantil centrados en la familia, cuando la familia y el niño hacen las visitas previas a la inscripción, o bien, si fuera necesario, el primer día de participación en el programa, ellos sabrán si el maestro de cuidado infantil esta de su parte y velará por sus intereses. El maestro tendrá suficiente información acerca del estilo de vida, los horarios, las preferencias o preocupaciones de la familia para comenzar a establecer una relación. Se pueden iniciar muchas conversaciones basandose en la información que se intercambió durante el proceso de inscripción: los servicios a proporcionar, los formularios sobre el historial de la familia y los materiales por escrito acerca del programa. Sin embargo, sin importar lo bien preparado que estén la familia y el personal del programa, tomará tiempo que ambos lleguen a conocerse y establecan una relación de confianza.

Si usted no habla el idioma de la familia, aprenda algunos términos o frases que ayuden a la familia a sentirse agusto. Durante las etapas iniciales de la inscripción del niño, es posible que usted necesite un mediador cultural (un adulto que hable el mismo idioma y sea de la misma cultura que la familia) que esté disponible al momento de dejar o recoger a los niños. He aquí algunas otras maneras de fortalecer su relación con las familias:

- Sea respetuoso de los valores, las prácticas de crianza y las preferencias culturales de la familia.

- Procure que el ambiente de cuidado infantil sea acogedor para la familia y refleje los intereses, los estilos de vida, las culturas y los idiomas de las familias. Pida comentarios y aportaciones de las familias.

- Reconozca la importancia de las relaciones que el niño tiene con cada miembro de la familia.

- Identifique los intereses que tienen en común y úselos como punto de partida para fomentar las conversaciones informales. Por ejemplo, el enterarse que tanto a usted como la familia les gusta ir de acampada, podría ayudar a establecer una relación cordial.

Cómo profundizar las relaciones

Hay que darse tiempo para que las relaciones crezcan. No espere que se de la confianza ni la amistad desde el principio. He aquí algunas maneras de generar confianza con los miembros de la familia:

- Escuche con atención a los miembros de la familia y trate en entender los pensamientos, los valores y las emociones que expresan.

- Demuestre a las familias su competencia; que comprende sus sentimientos y que tiene una actitud abierta y sincera.*

- Sea justo y consistente al poner en páctica las pautas del programa.

- Respete sus compromisos y dele el seguimiento necesario cuando usted promete hacer algo por la familia. Si no es capaz de cumplir con los deseos de la familia, expliqueles los motivos.

- Señale los logros de la familia y exprese su aprecio para las aptitudes que tienen para ejercer el papel de padres.

- Reconozca y celebre el aprendizaje que ocurre cuando el niño se encuentra en casa con su familia.

Cómo tratar los temas delicados

Para abordar los temas delicados de una manera que ayude a establecer confianza entre usted y las familias, se necesita poner atención y consideración adicionales. He aquí algunas sugerencias que puede tener presentes:

- Diga "sí" siempre que sea posible. Trate de ser complaciente y solidario. Por ejemplo, ofrezca un horario y servicios flexibles e integre las prácticas de crianza de cada familia.

- Evite conversar acerca de los temas delicados hasta que el niño y la familia se sientan a gusto en el programa, a menos que el tema sea urgente.

- Reconozca ante usted mismo y ante la familia que puede ser estresante dejar a un niño de cero a tres años bajo el cuidado de otra persona.

*Para aprender más acerca de este tema, vea el DVD titulado: *El instinto protector: Trabajando con los sentimientos de los padres y cuidadores*, primera parte, del PITC. Al final de esta sección se proporciona más información acerca del DVD.

Preguntas a considerar

1. Cuando un miembro de la familia le pide información acerca del programa por primera vez, ¿de qué manera puede usted comunicar la filosofía del cuidado infantil centrado en la familia y de establecer relaciones de verdadera colaboración? ¿De qué manera puede usted comunicar las pautas y prácticas del programa para que la familia pueda tomar una decisión bien informada acerca de si inscribir a su hijo en el programa?

2. Al comunicar información acerca de su programa, ¿cómo puede usted fomentar y mejorar el diálogo con las familias? ¿Ha actualizado usted los materiales por escrito, como un manual para las familias o un folleto que se pueda distribuir? ¿Expresan los materiales escritos de su programa el tono que desea comunicar acerca del mismo, incluyendo la importancia de las relaciones de colaboración entre las familias y el programa, el diálogo y la toma de decisiones en conjunto?

3. ¿Se esfuerza usted a diario en hablar con los miembros de la familia acerca del niño? ¿Cuáles son las cosas más importantes que debe comunicar a las familias? ¿Cuáles son algunas cosas que debe preguntar a las familias que podrían contribuir a la manera en que cuida a cada niño? ¿Muestra sensibilidad a los horarios de las familias y reserva usted las conversaciones más extensas para los momentos en que los miembros de las familias no tienen prisa?

4. ¿De qué maneras puede usted ayudar a los padres u otros miembros de la familia a entender que ellos son los adultos más importantes en la vida del niño? ¿Cómo reconoce usted las señales de preocupación en las familias acerca de este tema? ¿Cómo expresa usted su reconocimiento a la familia por sus aptitudes para la crianza infantil y el fortalecimiento de la unión familiar? ¿De qué manera puede usted reconocer el aprendizaje del niño que se lleva a cabo en casa, con la familia? ¿Cuáles son algunas maneras en que puede apoyar los lazos familiares?

5. ¿Incluye usted a los padres y a los miembros de la familia en las decisiones acerca del cuidado que el programa proporciona al niño? ¿Hasta qué grado hace usted adaptaciones para las preferencias de las familias, incluso cuando estas preferencias podrían no coincidir con su manera acostumbrada de abordar el cuidado infantil?

Obras y materiales de consulta

Libros y artículos

Boyce, Carol Gratsch. "Trading Control for Partnership: Guidelines for Developing Parent Ownership in Your Program". *Child Care Information Exchange* 144 (marzo/abril 2002): pág. 75–78.

Explica la importancia de fomentar el sentido de pertenencia de los padres en una cooperativa de cuidado infantil. Aborda la toma de decisiones, la participación en el salón de clases, las interacciones amistosas, cómo fijar objetivos y las actitudes del personal.

Brazelton, T. Berry. *Working and Caring*. Boston, MA: Addison-Wesley Longman, 2000.

Proporciona información útil para padres que trabajan y cuidadores respecto a los factores de estrés que experimentan los padres que trabajan.

Brazelton, T. Berry, y Stanley I. Greenspan. *The Irreducible Needs of Children: What Every Child Must Have to Grow, Learn, and Flourish*. Boulder, CO: Perseus Book Group, 2000.

Explora siete necesidades de los bebés y los niños pequeños, haciendo énfasis en el hecho que cuando las familias y los proveedores de cuidado infantil profesionales satisfacen dichas necesidades, los niños cuentan con las bases para mejorar sus aptitudes emocionales, sociales e intelectuales alcanzando un nivel superior.

Carter, Margie. "Communicating with Parents." *Child Care Information Exchange* 110 (julio/agosto 1996): pág. 80–83.

Ofrece cinco estrategias para mejorar la comunicación, incluyendo el mantener bien informados a los padres, ayudarlos a participar en el salón y crear un diálogo en los boletines informativos del programa.

Copeland, Margaret Leitch, y Barbara S. McCreedy. "Creating Family-Friendly Policies: Are Child Care Center Policies in Line with Current Family Realities?" *Child Care Information Exchange* 113 (enero/febrero 1997): pág. 7–10.

Aborda temas actuales, como los despidos de personal en las empresas, los horarios flexibles de trabajo, las familias combinadas y los efectos de las necesidades emergentes de cuidado infantil. Sugiere que los programas de cuidado infantil actualicen sus pautas al analizar las actitudes del personal y ofrecer una mayor flexibilidad y apoyo a los padres de familia.

Cunningham, Bruce. "The Good Business of Being Father-Friendly: Does Your Center Welcome Male Customers?" *Child Care Information Exchange* 135 (septiembre/octubre 2000): pág. 70–71.

Ofrece sugerencias acerca de cómo lograr que los programas de cuidado infantil den la bienvenida a los padres u otros varones que participen en el cuidado de los niños pequeños. Describe seis áreas del servicio que favorece a los padres.

Dodge, Diane Trister. "Sharing Your Program with Families." *Child Care Information Exchange* 101 (1995): pág. 7–11.

Ofrece pautas para los proveedores de cuidado infantil acerca de cómo colaborar con los padres para alcanzar objetivos comunes. Se enfoca en hacer uso del ambiente del programa para expresar la filosofía y objetivos del currículo y enfatiza la importancia de establecer una comunicación continua con las familias.

Gonzalez-Mena, Janet, and Dianne W. Eyer. *Infants, Toddlers, and Caregivers: A Curriculum of Respectful, Responsive Care and Education*, 8a. edición. McGraw-Hill Companies, 2008.

Al combinar una filosofía centrada en el niño con estrategias para resolver problemas y un análisis a fondo de la diversidad, este libro sirve de introducción al currículo y al cuidado de los niños de cero a tres años. Se basa en una combinación de las filosofías de Magda Gerber y de su colega, Emmi Pikler.

Greenman, James. "Beyond Family Friendly: The Family Center." *Child Care Information Exchange* 114 (marzo/abril 1997): pág. 66–69.

Aboga a favor de la creación de centros de cuidado infantil que se centran en la seguridad económica y psicológica de la familia y las relaciones que fomentan el bienestar; y (b) la seguridad, la salud y el desarrollo del niño.

Miller, Karen. "Caring for the Little Ones—Developing a Collaborative Relationship with Parents." *Child Care Information Exchange* 135 (septiembre/octubre 2000): pág. 86–88.

Habla de las ventajas de sostener relaciones de colaboración con los padres y ofrece sugerencias acerca de cómo generar confianza y dar apoyo.

Parlakian, Rebecca. *The Power of Questions: Building Quality Relationships with Infants and Families*. Washington, DC: Zero to Three, 2001.

Se enfoca en el trabajo de servicio directo con los padres y los niños y explora cómo los líderes y miembros del personal pueden utilizar métodos reflexivos para establecer relaciones de alta calidad con las familias. Las estrategias para fijar límites y tratar las relaciones de uno con las familias ayudan con las decisiones complejas a las que se enfrenta cada día el personal de cuidado infantil.

Petersen, Sandra, and Donna Wittmer. *Infant and Toddler Development and Responsive Program Planning: A Relationship-Based Approach*. Indianapolis, IN: Prentice Hall, 2006.

Una introducción exhaustiva al desarrollo de los niños de cero a tres años, a la planificación sensible del programa y a un currículo sensible y basado en las relaciones. Integra todos los temas que son indispensables para proporcionar una educación y un cuidado de alta calidad a los integrantes más pequeños de la sociedad.

Phillips, Deborah, y Jack Shonkoff, editores. *From Neurons to Neighborhoods: The Science of Early Childhood Development*. Washington, DC: National Academy Press, 2000.

Una evaluación extensa de las investigaciones científicas y las pautas para los niños centradas en el desarrollo, desde el nacimiento hasta los cinco años. Incluye diez conceptos clave, incluyendo uno que afirma: "El desarrollo humano es determinado por la interacción dinámica y continua entre la biología y la experiencia."

Uttal, Lynet. *Making Care Work: Employed Mothers in the New Childcare Market*. New Brunswick, NJ: Rutgers University Press, 2002.

Revela que las madres con frecuencia dudan en reunirse directamente con los proveedores de cuidado infantil para hablar de sus preocupaciones.

Muestra cómo las madres en general tienen fe en la calidad del cuidado infantil que han elegido, pero al mismo tiempo contemplan la posibilidad de que se han podido equivocar en su decisión. Las madres, motivadas por sus preocupaciones respecto a la calidad del cuidado, desarrollan relaciones complejas con los proveedores (la mayoría de los cuales son mujeres) que cuidan a sus hijos.

Materiales audiovisuales

El instinto protector: Trabajando con los sentimientos de los padres y cuidadores. DVD con folleto. Sacramento, CA: California Department of Education and WestEd, Programa para el Cuidado Infantil (PITC). http://www.pitc.org.

Los padres hablan con franqueza acerca de sus preocupaciones y hablan del alto grado de emociones y de los sentimientos encontrados que experimentan al llevar a los niños al programa de cuidado infantil. Ofrece a los cuidadores maneras de calmar las preocupaciones de los padres al expresar competencia, honestidad y comprensión. A los cuidadores también se les alienta a que aborden sus propios sentimientos de incomodidad al recurrir a un proceso de cuatro pasos: consciencia, exploración, recopilación de la información y toma de medidas para resolver los problemas. Disponible en inglés y español.

Partnerships with Parents. DVD. Washington, DC: National Association for the Education of Young Children. http://www.naeyc.org.

Este DVD, producido por South Carolina Educational Television, dramatiza la importancia que tiene para los niños la relación entre el padre y el maestro de cuidado infantil. Además, aborda la manera de establecer y mantener comunicaciones positivas y tratar los problemas que enfrentan comúnmente los maestros al colaborar con los padres de familia.

Referencias bibliográficas

El instinto protector: Trabajando con los sentimientos de los padres y cuidadores. DVD. Sacramento, CA: California Department of Education and WestEd, 1996.

Flexible, cauteloso, o inquieto: Los temperamentos de infantes. DVD. Sacramento, CA: California Department of Education and WestEd, 1990.

Petersen, Sandra, y Donna Wittmer. *Infant and Toddler Development and Responsive Program Planning: A Relationship-Based Approach*. Indianapolis, IN: Prentice Hall, 2006.

Segunda sección:
Cómo compartir información con las familias

¿Qué pueden aprender los bebés?

¿Cómo sé si mi hijo va a estar seguro aquí?

¿Qué hace cuando un niño le pega a otro?

¿Por qué no le está enseñando a mi bebé mayorcito las letras y los números?

¿A qué edad va a aprender a usar el baño?

Las familias tienen un fuerte deseo de saber cómo va usted a cuidar a sus hijos y de poder expresar sus deseos acerca del cuidado de sus hijos. El comunicar la filosofía, los objetivos y las prácticas de un programa de cuidado infantil es una parte importante del programa. Esto se hace por medio del diálogo (cara a cara y por escrito), así como por medio del ambiente acogedor del programa.

Una atmósfera positiva en el programa

El ambiente general de un programa de cuidado infantil comunica información importante. Los proveedores de cuidado infantil en el hogar, líderes del programa y maestros reconocen el impacto del tono emocional de un programa. Ellos procuran mantener un ambiente abierto y amistoso, al tratar los asuntos relacionados con el personal y cualquier mal entendido de manera oportuna, comprensiva y justa.

Los líderes del programa ayudan a crear un ambiente positivo en tanto que muestran su compromiso respecto al bienestar de los miembros de la familia, los miembros del personal y los niños. Los líderes del programa demuestran este compromiso cuando expresan interés por cada persona y proporcionan oportunidades para que todos los adultos aprendan y crezcan. Todas las personas que participan en un programa de cuidado infantil son indispensables, incluyendo los miembros de la familia, los maestros de cuidado infantil, el personal auxiliar, los contables, las secretarias, los cocineros, los encargados de la limpieza y los choferes de autobús. El demostrar consideración y respeto hacia cada miembro de la "familia de cuidado infantil" transmite una actitud de consideración y cariño que se extiende por todo el programa.

Una manera de comunicarse con las familias acerca del programa es dejar que el ambiente del programa hable por sí mismo. Cuando los padres de familia o miembros de la familia ingresan a un centro de cuidado infantil o un programa de cuidado infantil en el hogar, ellos se forman impresiones de inmediato al responder a preguntas como las siguientes:

- ¿Es accesible el programa para personas con discapacidades?
- ¿Parece limpio, ordenado y bien cuidado el ambiente?
- ¿Es agradable la temperatura?
- ¿Tiene buena iluminación?
- ¿Son agradables los aromas y los sonidos?
- ¿Refleja el ambiente las culturas de las familias y de los miembros del personal?
- ¿Está organizado de tal manera el programa que los niños de cero a tres años puedan disfrutar jugando, tanto de forma activa como tranquila?
- ¿Incluye el entorno asientos cómodos tanto para los adultos como para los niños?
- ¿Parecen estar relajados y disfrutando los niños y los adultos en el programa?

Cómo comunicar la filosofía y las prácticas del programa

Hay muchas cosas que una familia necesita saber acerca del programa y del

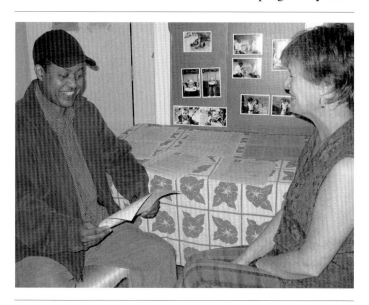

Las primeras impresiones son importantes.

cuidado de sus hijos. Los maestros de cuidado infantil a veces enfrentan los desafíos de enseñar y cuidar a los niños con mayor facilidad de lo que son capaces de explicar sus prácticas y su filosofía. Esto con frecuencia se debe a que no han tenido la oportunidad de reflexionar acerca de su filosofía del cuidado ni encontrar las palabras necesarias para describirla. Sin importar que trabajen en centros de cuidado infantil grandes o en programas pequeños de cuidado infantil en el hogar, los maestros necesitan estar preparados para comunicarse con las familias acerca de los temas importantes del cuidado y la educación de los niños de cero a tres años. Cada programa necesita documentación por escrito de su filosofía, pautas y prácticas. Cuando el personal y miembros de la familia de un programa se reúnen para conversar acerca del enfoque y las prácticas del programa, las conversaciones son gratificantes. Sin embargo, para crear un consenso acerca de la filosofía del programa, usted necesita tiempo suficiente para dialogar acerca de sus creencias y sus prácticas.

Cómo crear consenso en torno a la información

A pesar de que ya tenga información acerca del programa por escrito, usted puede mejorarla al revisarla, ampliarla, replantearla y añadir materiales cuando sea necesario. Si aún no cuenta con materiales por escrito, puede ser difícil saber dónde comenzar. He aquí una estrategia que ha funcionado para muchos programas:

1. Piense acerca de los objetivos, los valores y las esperanzas que han expresado las familias en su programa, así como usted y sus compañeros

de trabajo. Anote las ideas que se le ocurran, ya que esto le ayudará a organizar sus pensamientos.

2. Organice sus pensamientos y compárelos con las ideas de sus compañeros de trabajo. Recopile la información que anotó en el primer paso en una tabla con cuatro columnas. En la columna del extremo izquierdo, anote temas como las rutinas cotidianas de cuidado, la cultura y el idioma, la guía del comportamiento y la disciplina, el aprendizaje del uso del baño y las pautas sobre salud.

3. En la segunda columna, anote lo que sepa acerca de las creencias, los valores, las preocupaciones y las preferencias de las familias del programa para cada categoría que aparece en la primera columna.

4. En la siguiente columna a la derecha, anote los valores y las ideas de sus compañeros de trabajo para cada categoría.

5. En la columna del extremo derecho, anote sus propias preferencias y valores para cada categoría.

Una vez que haya terminado la tabla, comparta sus ideas con los otros miembros del personal del programa o los proveedores de cuidado infantil en el hogar y con los miembros de la familia. Asegúrese que la representación de sus puntos de vista sea correcta. Luego, colaboren para llegar a un acuerdo acerca de los objetivos, las pautas y las prácticas del programa. Al incluir a los miembros de las familias y del personal en estas conversaciones y en la toma de decisiones, usted puede enriquecer el proceso al ayudar a prevenir los desacuerdos en el futuro. Si desea ayuda adicional con el proceso, podría recurrir a una fuente de investigaciones confiable, como Guias para programas de aprendizaje y desarrollo infantil del Departamento de Educación de California. Visite la página en internet del departamento en: http://www.cde.ca.gov/re/pn/rc/ si desea más información.

Cuando logre que todos se pongan de acuerdo respecto a la filosofía del programa sobre el cuidado infantil, decida cuáles son los materiales que deasea reproducir primero y elija la información que quiera incluir.

Los folletos

Los folletos son herramientas eficaces para presentar los programas a las personas. Un folleto o volante que indique brevemente cuáles son el propósito y las cualidades especiales de su programa le da a las personas algo que pueden guardar, utilizar en otro momento o compartir con alguien que busque los servicios que usted ofrece. Un folleto puede:

- Proporcionar información a las personas que piden información acerca de su programa.
- Aumentar el conocimiento que el público tiene acerca de su programa (por ejemplo, al distribuirlos a organizaciones de su comunidad).
- Complementar otros materiales que regularmente incluya en solicitudes de becas u otros tipos de financiamiento.
- Servir de punto de partida para la preparación de materiales escritos adicionales.

Usted puede crear un folleto económico con una computadora y una fotocopiadora. Doble una hoja de papel tamaño carta en tres secciones para darle un aspecto más profesional al folleto. Para que el folleto sea llamativo, utilice fotografías de los niños, incluya algunas obras creativas de los niños u otros materiales visuales. Aunque es más caro utilizar gráficas e imprimir a color, el hacerlo hará mucho más atractivo el folleto. Procure que el texto sea breve y de fácil lectura. Incluya hechos reales e información como la siguiente:

- Una declaración breve acerca de la filosofía y los objetivos del programa
- Las edades y el número de niños en el programa
- Los pagos de las cuotas del programa
- Los requisitos de la inscripción, si corresponde
- Los horarios y los días de operación
- Los datos acerca de la licencia o acreditación
- Una declaración breve acerca de las cualificaciones de los maestros y las certificaciones del programa de cuidado infantil
- Datos para contactar al programa (dirección, número de teléfono, correo electrónico, página de internet, etc.)

Antes de imprimir copias del folleto, pídale a alguien que lo revise y haga comentarios. Pregunte a la persona si el folleto le parece bien organizado y visualmente llamativo, y si el aspecto general y los mensajes son atractivos.

Recuerde que un folleto bien diseñado puede ser acogedor e informativo, pero no les dice a las familias todo lo que necesitan saber acerca del programa. Para las familias que estén contemplando participar en el programa seriamente, y para aquellas que se encuentran en proceso de inscripción, es indispensable un manual con información más detallada.

Un manual para las familias

La creación de un manual para las familias es una manera muy valiosa de documentar las pautas y prácticas de su programa. Un manual debe comenzar afirmando que los miembros de la familia del niño son las personas más importantes en su vida. Además, debe expresar su filosofía acerca del cuidado infantil. Hágale saber a las familias que el personal está dispuesto a recibir sus preguntas, a conversar y a buscar la oportunidad para que se conozcan. Un manual debe aclarar los objetivos generales de un programa, como: apoyar los lazos entre el niño y la familia; proporcionar un cuidado de alta calidad y culturalmente adecuado; dar la bienvenida a todos los niños y familias, incluyendo a aquellos con discapacidades u otras necesidades especiales; y establecer relaciones de colaboración de apoyo mutuo en la comunidad. Usted también podría utilizar el manual para comunicar cómo el programa considera que aprenden los niños de cero a tres años. Un manual para las familias es una herramienta muy eficaz que puede:

- Explicar el valor de un programa de cuidado infantil y describir las prácticas que se adaptan a la cultura, las habilidades, la edad, el desarrollo, el temperamento, el estilo familiar y otras cualidades del niño.

- Exponer como las rutinas de cuidado infantil ofrecen oportunidades para que se den muchos tipos de aprendizajes y relaciones, y que son una parte importante del currículo para los niños de cero a tres años.

- Describir cómo su programa proporcionará a los niños una guía para el comportamiento y la socialización y les ayudará a aprender a usar el baño. También puede explicar cómo el programa puede fomentar la adquisición de otras habilidades.

- Enfatizar la importancia de la cercanía emocional y las relaciones estrechas en el cuidado diario de los niños de cero a tres años, y describir cómo se fomentan estas relaciones en el programa.

- Hacerle saber a las familias que sus valores, preferencias y preocupaciones son esenciales para el programa y que el programa se compromete a proporcionar un cuidado infantil que sea semejante al de la familia, su cultura y su idioma.

Aunque la mayoría de las familias, cuando ingresan al programa, posiblemente no piensen que necesitan declaraciones por escrito acerca de la filosofía, las pautas y las prácticas del programa, pocas recordarán toda la información que reciban durante la primera entrevista de inscripción. Subraye que el manual podrá servirles de referencia útil para responder sus preguntas acerca del programa en el futuro y que también podrá ayudar a prevenir los malos entendidos más comunes que surgen entre los programas y las familias.

Un manual para las familias puede ser tan complejo o tan sencillo como usted quiera. En un programa de cuidado infantil en el hogar u otro tipo de programa pequeño, el manual puede ser bastante

Es importante proporcionar a las familias una declaración por escrito acerca de su filosofía del cuidado infantil y dar información específica acerca de su programa.

corto porque el personal generalmente es escaso y la organización del programa no es complicada. Quizás no se requiera un manual para todo programa. A veces una declaración de una o dos páginas acerca de la filosofía, las pautas y las prácticas del programa podría ser suficiente.

Independientemente del formato del manual, éste debe abarcar los siguientes temas, además de la filosofía del programa:

- Procedimientos de admisión e inscripción

- Información acerca de los miembros del personal

- Procedimientos de salud y para emergencias

- Pautas sobre los pagos de las cuotas

- La participación de la familia

- La organización del programa

Los procedimientos de admisión e inscripción

Explique que el programa colabora con las familias para facilitar la adaptación del niño al programa. Si el proceso de admisión al programa implica requisitos específicos para las familias, el manual debe detallarlos con claridad. Las responsabilidades de la familia durante el proceso de admisión a un programa normalmente incluyen:

- Visitas y entrevistas previas a la inscripción.

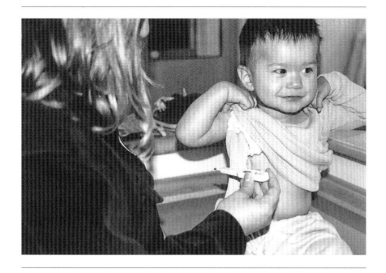

que se actualiza cada uno o dos años. En cualquier caso, el manual puede ayudar al programa a destacar sus mejores cualidades, como: proporcionar cuidado infantil inclusivo, personalizado y con continuidad; la asignación de un maestro de cuidado principal a cada niño y familia; el uso de grupos pequeños; y sus pautas para apoyar el idioma y la cultura de la familia a través de personal representativo, siempre que sea posible hacerlo. Los atributos como estos definen a un programa de alta calidad.

Los procedimientos de salud y para emergencias

Notifique a las familias de las medidas que tanto ellos como el programa deben tomar para prepararse para emergencias como los terremotos, los incendios, las inundaciones, etc. A continuación se muestran ejemplos de listas de las responsabilidades de un programa y de las familias.

Responsabilidades del programa

1. Mantener provisiones de alimentos, agua y linternas de mano para las emergencias.
2. Practicar los procedimientos de desalojo con regularidad.
3. Hacer arreglos para el cuidado infantil prolongado de los niños hasta que un miembro de la familia pueda recoger a cada niño.

Las responsabilidades de la familia

1. Mantener actualizados sus datos para que puedan localizar de inmediato a la familia en caso de una emergencia.
2. Mantener actualizados los datos acerca de otros adultos que puedan asumir la responsabilidad de los niños en caso de no poder localizar a los miembros de la familia.

- El cumplimiento con los requisitos médicos, como proporcionar constancia de vacunación y asegurarse que se le haga al niño un examen médico previo a su admisión.
- El completar formularios con los datos acerca del niño y la familia.
- Un repaso del manual y de las pautas respecto a los pagos requeridos por el programa.
- La participación en el proceso inicial de separación entre el niño y la familia

La información acerca de los miembros del personal del programa

El manual debe describir las cualificaciones de los líderes y los maestros de cuidado infantil del programa de manera general e indicar los criterios que utiliza el programa al contratar a nuevos miembros del personal. Las familias también agradecerán tener información acerca de las caracteristicas, la experiencia, la formación y las aportaciones especiales de cada maestro de cuidado infantil. Sin embargo, los perfiles personales que presentan y reconocen a los miembros del personal son más adecuados para un boletín del programa que un manual

El manual también debe aclarar la pauta del programa respecto a excluir a niños del programa cuando están o han estado enfermos, las medidas que se toman si se lesiona o se enferma un niño en el transcurso del día, los procedimientos para ocasiones en que el proveedor de cuidado infantil se ausenta o es incapaz de proporcionar cuidado por algún motivo y los procedimientos en caso que las familias no puedan recoger a sus hijos a tiempo.

Las pautas sobre los pagos de las cuotas

Una sección del manual debe dedicarse a resumir las pautas del programa respecto a los pagos y otros temas relacionados. El manual debe incluir los siguientes temas:

- Los pagos de las cuotas del cuidado infantil, incluyendo las multas a pagar por recoger tarde a los niños
- Las fechas en que se vence el plazo para pagar las cuotas mensuales
- Las pautas respecto al retraso en los pagos
- Los horarios del programa y los días de servicio
- El horario de los días feriados y vacaciones del programa
- La disponibilidad de becas o cuotas reducidas, si están disponibles

La participación de la familia

Los intercambios diarios de información entre la familia y los miembros del personal son la manera más importante en que pueden participar las familias en el programa, pero hay otras maneras en que las familias pueden involucrarse también. Por ejemplo, ayudando con el mantenimiento del entorno del programa o trabajando con los niños en el programa. El manual habla de estos tipos de participación. También se puede animar a las familias a conocerse. Por ejemplo,

podría incluir información acerca de las actividades "de familia a familia", como el sistema de poner en contacto a familias nuevas con familias que llevan tiempo inscritas en el programa para que se ayuden entre sí. Además, el manual es un buen lugar para que el programa exprese su compromiso de darle la bienvenida a todos los miembros de la familia, incluyendo a los varones que jueguen un papel importante en el cuidado infantil.

La organización del programa

El manual para las familias debe incluir información acerca de la historia del programa, de dónde obtiene su financiamiento el programa y cuál es el sistema de toma de decisiones. Incluya oportunidades para que las familias creen o puedan tener influencia sobre las pautas del programa (por ejemplo, al participar en la junta o consejo familiar). Asegúrese que el manual incluya cualquier pauta o procedimiento que exijan las organizaciones que financian o acreditan a los programas.

Otros temas posibles

Hay muchos otros temas que se pueden incluir en el manual para las familias. Algunos temas, como los horarios de clases que se ofrecen en el programa o en la comunidad, merecen incluirse, pero pierden vigencia con rapidez. Otros datos podrían requerir un grado de detalle excesivo que haría del manual demasiado difícil de leer. La cantidad de información que las familias valoren, lean o utilicen variará de programa en programa. Hable con las familias del programa para identificar otros temas a incluir en el manual. Usted podría entregar un cuestionario a las familias y pedirles más sugerencias. He aquí algunos de los temas más frecuentes:

- Artículos que se deben traer al programa (como pañales, ropa extra, fotos de la familia)
- El estacionamiento
- Datos sobre la nutrición
- El plan para emergencias
- La pauta respecto a aprender a usar el baño
- La pauta sobre las fiestas de cumpleaños

El escuchar es tan valioso como hablar.

- La guía del comportamiento y la disciplina
- La pauta respecto a cómo guiar el comportamiento cuando los niños muerden
- Recursos adicionales para las familias
- Los miembros del personal a quienes consultar acerca de necesidades específicas

También hay otras maneras de comunicarse acerca de estos temas. Los programas pueden incluirlos en el acuerdo entre las familias y los programas o en una hoja informativa de una sola página. Además, los programas pueden distribuir copias de los artículos pertinentes a los miembros de la familia. El proporcionar el manual a las familias en un formato que facilite poder añadir información actual o adicional, es una manera práctica de ayudar a las familias a conservar la información

toda junta, aunque esta opción puede ser más cara que otros formatos.

Anteriormente, los maestros de cuidado infantil solían pensar que compartir información con las familias era una actividad unidireccional. Es decir, las familias necesitaban recibir información, pero no necesariamente compartir ellas información con los maestros. Sin embargo, el termino compartir se refiere a que todas las partes dan y reciben. Dado que los miembros de la familia con frecuencia no están seguros qué pueden contribuir ni cómo hacerlo, vale la pena presentarles una serie de opciones para intercambiar conocimientos e información

Las conferencias y las reuniones

Las conferencias o reuniones con las familias pueden proporcionar oportunidades importantes para aprender acerca de los valores y preferencias de los miembros de la familia y reunir ideas acerca de cómo incluir dichas preferencias en el cuidado infantil. En una conferencia o reunión hay generalmente pocas interrupciones y la familia y el respresentante del programa se pueden concentrar en la conversación. El tono de la reunión o conferencia variará, dependiendo si es una conferencia programada con regularidad o una reunión especial para abordar algún asunto en particular que haya planteado la familia o un miembro del personal del programa infantil. Independientemente de eso, se debe comenzar con una bienvenida que refuerce la filosofía del cuidado infantil centrado en la familia. Exprese su agradecimiento a los miembros de la familia por venir a la reunión. Cuando sea posible, añada un comentario breve y positivo acerca del niño, como: "Nos encanta verlo aprender a caminar", o bien, "le encanta pintar con pincel y una cubeta de agua". Esta guía incluye muchos ejemplos y estrategias para aprovechar las

conferencias o reuniones con las familias para tratar asuntos de manera sensible.

Maneras eficaces de compartir información

Los cuadernos de notas de las familias

Los cuadernos de notas compartidos entre la familia y el programa que se describió en la primera sección es una manera en que las familias y los maestros de cuidado infantil pueden llevar un registro completo de los descubrimientos y observaciones acerca de los niños, en casa y en el programa de cuidado infantil. Usted también podría sugerir a los miembros de la familia que tomen fotografías y anoten lo que observen para reunir y documentar información adicional acerca de sus propios hijos. Esta información luego se puede compartir con los maestros de cuidado infantil. Otra idea es que los miembros de la familia tomen notas acerca del progreso de su hijo en un área específica de su desarrollo. Estas fotografías de la familia, los cuadernos de notas y otras formas de documentación contribuyen información valiosa para las reuniones entre las familias y los maestros de cuidado infantil. Los cuadernos de notas compartidos entre la familia y el programa se convierten en recuerdos valiosos de los primeros años de la vida del niño. Es más probable que los miembros de la familia utilicen los diarios si saben que se los van a regalar cuando el niño termine su estancia en el programa.

Las exposiciones sobre las familias

Otra manera de compartir información que tiene mucha aceptación es invitar a las familias a exponer algunos de los objetos importantes en sus vidas en una repisa especial o en otro lugar del entorno de cuidado infantil. Estas exposiciones deben estar a la vista, pero fuera del alcance de los niños, para que no se rompan. Las familias deciden por completo la selección

de los objetos, los cuales pueden incluir fotografías, prendas de ropa, utensilios, instrumentos musicales u otros artículos.

Los tableros de anuncios para las familias

Los tableros de anuncios para las familias y los maestros de cuidado infantil son otra manera eficaz de intercambiar información. Los tableros deben tener amplio espacio para los avisos acerca de las reuniones, temas de salud, talleres y demás oportunidades, artículos interesantes, fotografías, recetas favoritas de los niños, eventos y recursos en la comunidad. En programas grandes, podría ser preferible separar los tableros de avisos de las familias y del programa, para evitar una acumulación excesiva de información en un solo lugar. Los miembros de la familia también podrían sentirse más cómodos usando un tablero de anuncios que está designado exclusivamente para ellos.

Preguntas a considerar

1. ¿Tiene materiales por escrito que expliquen la filosofía, las pautas y los procedimientos del programa? ¿Representan los materiales adecuadamente a su programa incluyendo sus objetivos y los puntos de vista tanto de las familias como de los miembros del personal? ¿Están actualizados los materiales o necesitan actualizarse?

2. ¿Se les da la bienvenida a las familias al programa de cuidado infantil en todo momento? ¿Se sienten ellas con la libertad de llegar sin avisar de antemano? ¿Se les incluye en el desarrollo de las estrategias para el cuidado infantil y las actividades de los niños en el programa?

3. ¿Cuáles son algunas maneras de alentar a las familias a tener conversaciones informales con usted (o con los maestros de los niños, cuando corresponda) acerca de temas relacionados con el cuidado infantil? ¿Cuáles son algunas maneras en que se les puede invitar a las familias a participar en actividades del programa?

4. ¿Cómo puede aprovechar las reuniones con la familia para tratar temas delicados?

5. ¿Cuáles son algunas maneras de crear un ambiente cariñoso en el programa para las familias, los miembros del personal y los niños?

Obras y materiales de consulta

Libros y artículos

Anderson, M. Parker. *Parent-Provider Partnerships: Families Matter.* Cambridge, MA: Harvard Family Research Project, 1998.

Plantea el concepto del cuidado infantil centrado en la familia al abordar el desarrollo del niño y de la familia en conjunto. Ofrece principios de apoyo a la familia a partir de las fortalezas, logros y habilidades de la familia y los recursos de la comunidad.

Balaban, Nancy. *Everyday Goodbyes: Starting School and Early Care—A Guide to the Separation Process.* Nueva York: Teachers College Press, 2006.

Aborda un aspecto crítico del desarrollo infantil en un seguimiento a la obra: "Starting School: From Separation to Independence". Destaca la necesidad de que los padres y los maestros colaboren para ayudar a los niños a hacer la transición al programa de cuidado infantil, al programa preescolar o al kindergarten. Ofrece muchas sugerencias sensibles y prácticas para facilitar el proceso de separación para todas las personas que participan.

Brazelton, T. Berry, y Stanley I. Greenspan. *The Irreducible Needs of Children: What Every Child Must Have to Grow, Learn, and Flourish.* Boulder, CO: Perseus Book Group, 2000.

Explora siete necesidades de los bebés y de los niños pequeños, enfatizando que cuando las familias y los profesionales del cuidado infantil satisfacen dichas necesidades, los niños cuentan con las bases de las habilidades sociales, emocionales e intelectuales más avanzadas.

Bredekamp, Sue, y Carol Copple. *Developmentally Appropriate Practice in Early Childhood Programs,* edición corregida. Washington, DC: National Association for the Education of Young Children, 1997.

Proporciona una guía integral de los programas de cuidado infantil de la primera infancia. Aboga por las mejores prácticas para el aprendizaje y el desarrollo, incluyendo el fomento del descubrimiento creativo y la continuidad cultural.

Carter, Margie. "Communicating with Parents." *Child Care Information Exchange* 110 (julio/agosto 1996): pág. 80–83.

Ofrece cinco estrategias para mejorar la comunicación, incluyendo mantener informadas a las familias, ayudar a las familias a participar en el salón y establecer un diálogo en los boletines informativos y los tableros de anuncios.

Deangelo, Diane, et al. *Engaging Parents: Training Guides for the Head Start Learning Community.* Alexandria, VA: RMC Corporation, 1995.

Se diseñó para ayudar a los programas Head Start a aumentar la colaboración entre los padres y los miembros del personal. Contiene tres módulos, cada uno con dos actividades diseñadas para presentarse en taller, seguidas de dos o más actividades relacionadas con la capacitación. Los módulos abarcan la participación de los padres, las maneras de individualizar la participación de los padres y la participación de los padres como responsabilidad compartida. Las secciones finales contienen actividades y datos adicionales que pueden ayudar a los supervisores a ampliar las oportunidades de aprendizaje.

Departamento de Educación de California. *Guias para programas de aprendizaje y desarrollo infantil*. Sacramento: Departamento de Educación de California, 2010.

Presenta información acerca de cómo proporcionar un cuidado infantil y una educación de alta calidad a los niños pequeños, incluyendo recomendaciones sobre pautas para los programas y las prácticas cotidianas que ayudarán a mejorar los servicios de los programas a todos los niños, desde el nacimiento hasta los 36 meses de edad.

"Developing Meaningful Relationships with Families: Ideas for Training Staff." *Child Care Information Exchange* 130 (noviembre/diciembre 1999): pág. 63–65.

Presenta estrategias para mejorar las relaciones entre los proveedores de cuidado infantil y las familias, como la creación de entornos favorables para las familias, el replanteamiento de las reuniones con los padres y la creación de libros de recuerdos y videos.

Dodge, Diane Trister. "Sharing Your Program with Families." *Child Care Information Exchange* 101 (1995): pág. 7–11.

Ofrece pautas a proveedores de cuidado infantil acerca de cómo colaborar con los padres para alcanzar objetivos comunes. Se centra en el uso del entorno del programa para expresar la filosofía y los objetivos del currículo y destaca la importancia de establecer una comunicación constante con las familias.

Gonzalez-Mena, Janet, y Diane W. Eyer. *Infants, Toddlers, and Caregivers: A Curriculum of Respectful, Responsive Care and Education, octava edición.*

McGraw-Hill Companies, 2008.

Incluye secciones acerca de las relaciones entre los padres y los maestros de cuidado infantil, la separación de nueve meses en los programas de cuidado infantil y cómo proporcionar un cuidado infantil culturalmente sensible.

Hohmann, Mary, y Jaclyn Post. *Tender Care and Early Learning: Supporting Infants and Toddlers in Child Care Settings*. Ypsilanti, MI: HighScope Press, 2002.

Describe el método HighScope para el aprendizaje de los niños de cero a tres años, incluyendo los elementos del aprendizaje activo; las experiencias para los niños con aprendizaje sensorial y motor; la organización del espacio y los materiales; los horarios y las rutinas cotidianas de cuidado infantil; y el apoyo de los adultos con base en la observación, la planificación en equipo y las relaciones de colaboración con los padres.

Phillips, Deborah, y Jack Shonkoff, editores. *From Neurons to Neighborhoods: The Science of Early Childhood Development*. Washington, DC: National Academy Press, 2000.

Un repaso exhaustivo de las investigaciones científicas y las pautas infantiles centradas en el desarrollo del nacimiento hasta la edad de cinco años. Contiene diez conceptos clave, incluyendo uno que afirma: "El desarrollo humano es determinado por una interacción dinámica y continua entre la biología y la experiencia".

Stone, Jeannette Galambos. *Teacher-Parent Relationships*. Washington, DC: National Association for the Education of Young Children, 1987.

Un folleto que se enfoca en un aspecto difícil aunque esencial del cuidado infantil: el establecimiento de relaciones de colaboración con las familias. Destaca guías prácticas y fotografías. Se puede obtener de la National Association for the Education of Young Children, Washington, DC. http://www.naeyc.org/. Teléfono: 202-232-8777.

Materiales audiovisuales

Los primeros pasos: El niño es bienvenido a un ambiente acogedor. DVD, 27 minutos. Estados Unidos: Programa para el Cuidado Infantil (Una colaboración entre el Departamento de Educación de California y WestEd), 1988.

Demuestra pasos prácticos que los maestros de cuidado infantil pueden tomar para ayudar a los niños a sentirse a gusto en su nuevo entorno y así facilitar a todos las separaciones entre la familia y los niños. El DVD está disponible en inglés y español y se puede adquirir en http://www.pitc.org/.

Tercera sección:
Cómo prepararse juntos para las separaciones

"Tardé varios meses en acostumbrarme a estar de vuelta al trabajo y a ser la madre de un bebé . . . pero integrarlo y la falta de sueño y el estrés de dejarlo en un programa de cuidado infantil básicamente con un extraño, me fue muy difícil".

Citado del DVD *El instinto protector: Trabajando con los sentimientos de los padres y cuidadores*, del Programa para el Cuidado Infantil (PITC)

Se han derramado más lágrimas a causa la separación de los niños de sus familias, especialmente los bebés pequeños y los bebés mayorcitos, que por cualquier otra área del cuidado infantil. Las lágrimas no se limitan a los niños, ya que pueden ser derramadas por cualquiera que haya pasado mucho tiempo con un niño, como las madres, los padres, los abuelos, los tíos y los padres de hogar temporal. Al trabajar juntos y prepararse atentamente para el proceso de separación, los miembros del personal del programa y las familias pueden facilitar la transición del niño de cero a tres años y de su familia.

Cómo entender las preocupaciones de los miembros de la familia

La separación del niño de su familia durante las primeras semanas de inscripción es con frecuencia muy estresante para los miembros de la familia. Sin importar cuan cuidadosamente los padres, los miembros de la familia, los maestros de cuidado infantil y los líderes del programa planifiquen por adelantado, es normal que el proceso de separación provoque malestar. Los maestros de cuidado infantil pueden ayudar mejor a la familia y al niño cuando entienden los sentimientos encontrados que hacen tan difíciles las separaciones para las familias. He aquí algunos de los sentimientos que han expresado miembros de la familia:

- Tristeza de no poder quedarse en casa con el niño

- Preocupación por que los maestros de cuidado infantil no sean sinceros acerca de cómo le va al niño en el programa

- Temor de que otro niño vaya a lastimar a su hijo

Las familias también podrían experimentar los siguientes sentimientos:

- Temor de que se les critique si comparten abiertamente sus prácticas de crianza

- Temor de que su hijo pudiera llegar a querer a su maestro de cuidado infantil más que a ellos.

- Preocupación acerca de que su hijo o hija pierda el idioma y la cultura de la familia en un programa que no refleja la cultura de la familia

- Resistencia a dejar a niños con discapacidades u otras necesidades especiales bajo el cuidado de otras personas.

- Preocupación acerca de la manera en que vayan a tratar a su hijo o hija.

- Preocupación acerca de lo que vaya a aprender el niño.

- Ansiedad acerca de la seguridad del niño.

- Preocupación de que al maestro de cuidado infantil no le guste el niño, si a éste le cuesta adaptarse al programa.

- Incomodidad por lo que los vecinos, las amistades u otros miembros de la familia piensen acerca del hecho de dejar al niño bajo el cuidado de otras personas.

- Confusión acerca de los valores. Por ejemplo, una madre que se pregunta, "¿Seré egoísta por anteponer mi trabajo al quedarme en casa a cuidar a mi bebé?"

Es comprensible que el proceso de separación sea estresante para todos las personas involucradas en el. Como maestro de cuidado infantil o director de programa, la expresión de las preocupaciones de una familia podría hacer que usted experimente sentimientos defensivos, de ansiedad e incluso de culpa por no poder resolver la tristeza de la familia o del niño. Sin embargo, trate de recordar que la mayoría de las familias experimentan emociones muy intensas respecto a la separación.

Una vez que entienda que los miembros de la familia del niño podrían estar preocupados, sentir ansiedad o incluso desolación por el ingreso del niño al programa de cuidado infantil, usted puede comenzar a buscar maneras de apoyar a la familia. Una manera de hacerlo es compartir información pertinente acerca del desarrollo infantil con los miembros de la familia. Esto podría ayudar a un miembro de la familia a saber por adelantado que los niños, a partir de los seis a los nueve meses de edad, tienden a exhibir cautela con los extraños. Al enterarse que el malestar del niño es parte del desarrollo típico y que en realidad es señal de un hito del desarrollo intelectual, la experiencia puede ser menos alarmante.

Compartir con los miembros de la familia los pequeños detalles del cuidado infantil ayudará a las familias a sentirse cercanas a sus hijos y les dará garantías de que sus hijos están recibiendo un buen cuidado infantil. El proporcionar información acerca del apetito del niño, sus evacuaciones, sus patrones de sueño y su estado de bienestar general, puede reconfortar a los miembros de la familia que se preocupan por su hijo y lo extrañan.

Compartir con los miembros de la familia los pequeños detalles del cuidado infantil ayudará a las familias a sentirse cercanas a sus hijos y les dará garantías de que sus hijos están recibiendo un buen cuidado infantil. El proporcionar información acerca del apetito del niño, sus evacuaciones, sus patrones de sueño y su estado de bienestar general, puede reconfortar a los miembros de la familia que se preocupan por su hijo y lo extrañan.

Cómo colaborar para facilitar la separación de los niños

Las reacciones de los niños a la separación varían enormemente. Algunos niños de cero a tres años parecen adaptarse a los lugares nuevos con relativa facilidad, mientras que otros muestran señales de ansiedad durante semanas o hasta meses después de ingresar al programa. A veces, los niños parecen estar bien al principio y después de unas cuantas semanas se entristecen mucho.

Un niño o una famila podrían necesitar más tiempo para adaptarse si algunas de las siguientes circunstancias están presentes:

- El niño se encuentra en una etapa de "ansiedad a los extraños".

- El maestro de cuidado infantil habla un idioma distinto, es de una cultura distinta o tiene un aspecto o comportamiento distinto al de la familia del niño.

- El niño tiene un temperamento cauteloso o tarda en sentir confianza

Usted puede tranquilizar a las familias que se preocupan acerca del bienestar de su hijo al explicar las relaciones de colaboración entre el programa y la familia en el proceso de separación. Colabore con los miembros de la familia para definir los papeles que cada uno podría jugar en el proceso de adaptación. Por ejemplo, los miembros del personal del programa

Los padres de los niños tienen una fuerte necesidad de que se les den garantías que el maestro proporciona un cuidado infantil apropiado.

necesitan establecer una relación con la familia y asegurarles tanto al niño como a los miembros de su familia que se les dará respeto y se les cuidará. La familia necesita ayudar al niño con su adaptación al programa y debe colaborar con el programa para tomar decisiones acerca de la mejor manera de facilitar el ingreso del niño al programa. Cuando los miembros de la familia ven que tienen la habilidad de ayudar a su hijo, sus sentimientos de ansiedad se pueden transformar en sentimientos de confianza.

Considere a la familia como el colaborador principal

Al compartir la toma de decisiones con la familia y proporcionar el tipo de cuidado infantil que la familia prefiere (en la medida de lo posible), ayudará a disminuir los sentimientos de la familia de que están "perdiendo" al niño. Deje claro su deseo de integrar a la familia, incluyendo su cultura y su idioma, al estilo de cuidado infantil y enseñanzas del programa. Pida información acerca de las necesidades especiales, el estado de salud, los hábitos y las preferencias del niño. Estos tipos de preguntas ayudarán a asegurar a la familia que ellos aún pueden "proteger" a su hijo y proporcionarle el estilo y calidad de cuidado infantil que ellos desean. Los miembros de la familia también juegan un papel importante al colaborar con el programa para crear un plan de visitas para el proceso de ingreso y al preparar al niño para la separación.

Establezca un plan a seguir para el proceso de separación

El proceso de ingreso comienza con las visitas iniciales que hizo la familia antes de decidir inscribir al niño en el programa. Estas visitas deben ser oportunidades para tener conversaciones informales entre los miembros del personal del programa y la familia. El escuchar risas y conversación amistosa entre los miembros de la familia y el maestro de cuidado infantil puede ayudar al niño a sentirse como en su casa en el nuevo entorno, especialmente cuando no se le presiona para que se aparte del miembro de su familia o interactúe con el maestro de cuidado infantil o con los demás niños.

Después que se haya tomado la decisión acerca de la inscripción, le corresponde a los miembros de la familia, en colaboración con el programa, establecer un plan de visitas a seguir para que el niño se integre plenamente al programa. Este es un tema sensible para las familias que no pueden pasar el tiempo que recomienda el programa para facilitar el ingreso del niño al programa. Otras familias posiblemente quieran pasar más tiempo del que recomienda el programa. Para ayudar a establecer una relación de colaboración sensible con la familia, el programa debe ser flexible. Un plan de visitas podría ser algo así:

1. Incluyendo las visitas previas a la inscripción, el niño visita el entorno dos o tres veces en compañía de un miembro de la familia.

2. En algunas ocasiones, la familia deja al niño en el programa durante una hora más o menos.

3. Durante la primera semana o dos del programa, se deja al niño en el programa durante periodos cada vez largos. Si fuera posible, durante ese tiempo, el miembro de la familia se queda más tiempo de los acostumbrados cinco o diez minutos al dejar al niño.

4. La familia llega a recoger al niño temprano al cabo de cada día (si fuera posible), hasta que el niño se sienta a gusto en el nuevo entorno. Puede ser estresante para el niño ver que otros niños se van a casa antes que él o ella.

Si uno de los padres o un miembro de la familia del niño no puede faltar al trabajo, pregunte si otro miembro de la familia se puede quedar con el niño durante las primeras dos semanas del proceso de ingreso al programa. Si no, usted necesitará apoyar a los miembros de la familia conforme ellos equilibran sus exigencias laborales con las necesidades del niño. Hágales saber que hay otras cosas que ellos pueden hacer para ayudar a facilitar la transición del niño al programa, como traer al programa de cuidado infantil fotografías, juguetes favoritos u otros artículos de la casa. Usted también puede

asegurarles a los miembros de la familia que aunque no puedan quedarse con el niño durante el periodo de adaptación, el niño estará bien. Además, una visita del maestro de cuidado infantil al hogar del niño podría ayudar al niño a sentir una conexión entre el maestro y su familia.

Prepare al niño para la separación

Los miembros de la familia pueden preparar al niño para su transición al programa al hablar acerca de lo que sucederá. Las maneras en que las familias hablan con los niños de cero a tres años, y con cuánta anticipación lo hacen, dependerá de la edad, el desarrollo y el temperamento del niño, entre otras consideraciones. Con un bebé tierno, el miembro de la familia podría esperar hasta la primera mañana de inscripción y, de camino al programa, decir algo como: "Te voy a llevar a la casa de Bonnie y ella te va a cuidar un rato. Creo que Bonnie te va a caer bien". El bebé podría no entender completamente las palabras, pero se le ha planteado la idea de algo agradable.

Un bebé mayorcito podría estar interesado en escuchar que habrá otros niños con quienes jugar o que "Bonnie tiene un caballito de mecer igualito al tuyo". Se le podría hablar al niño acerca del comienzo del programa de cuidado infantil uno o dos días por adelantado, al igual que durante el primer día de cuidado infantil. Las palabras que se usen tienen menor importancia que el tono de la voz, el cual transmite confianza al niño de que todo va a estar bien y que él o ella va a estar protegido y contento.

El papel del programa

Los miembros del personal del programa son los responsables de apoyar la adaptación del niño al programa de cuida-do infantil. Ellos lo pueden hacer al tomar las siguientes medidas:

1. Designar a un maestro de cuidado infantil como la principal fuente de apoyo y familiaridad para el niño y su familia.

2. Compartir con las familias las técnicas para facilitar la separación basadas en la investigación.

3. Durante las primeras semanas del niño en el programa, apoye especialmente a los niños y las familias cuando llegue el momento de despedirse (a la hora de dejar a los niños).

Proporcione un maestro de cuidado principal desde el primer día

Una verdadera relación de colaboración entre la familia y el programa sólo es posible cuando la familia y el maestro de cuidado infantil tienen la oportunidad de conocerse bien. Los miembros de la familia se sienten más a gusto si pueden hablar con la misma persona cada día y llegar a conocer bien a esa persona. Los niños generalmente se adaptan al progra-

---

Las despedidas bien planificadas fortalecen la confianza.

---

ma con más facilidad si hay un maestro especial que atiende sus necesidades a lo largo del día, especialmente si también ven al maestro interactuar cordialmente con su familia. Durante los primeros días de la inscripción del niño, también es importante presentar a las familias a los maestros, al personal auxiliar y a los maestros suplentes que podrían cuidar a los niños cuando el maestro de cuidado principal no se encuentra presente.

Las técnicas para facilitar la separación basadas en la investigación

Otra manera de apaciguar las preocupaciones de los miembros de la familia respecto a la separación es compartir con ellos técnicas para ayudar a los niños durante las primeras etapas de la inscripción. He aquí algunas de estas técnicas:

1. Antes que el niño establezca contacto con personas nuevas, dele tiempo para que se sienta a gusto en el programa mientras uno de sus padres o un miembro de la familia se encuentren cerca.

2. Respete el espacio personal del niño al utilizar juguetes u otros objetos para mantener un poco de distancia mientras interactúa con ellos.

3. Evite el contacto visual con el niño. Más bien, centre su atención en un juguete u otro objeto que le interese al niño.

4. Observe las señales del niño. Siga los intereses del niño y preste atención a sus reacciones.

Para aprender más acerca de este tema, vea el DVD *Los primeros pasos: El niño es bienvenido a un ambiente acogedor*, del Programa para el Cuidado Infantil (PITC, por sus siglas en inglés). Al final de esta sección aparecen los datos acerca de este DVD.

Cómo ayudar a las familias a saber cómo y cuándo despedirse

A veces, los miembros de la familia no están seguros cómo o cuándo dejar al niño. Ellos podrían preferir irse sin decir adiós, con la esperanza de evitar una situación que entristezca al niño. Otros miembros de la familia comienzan a irse y luego regresan si su hijo expresa malestar. Es natural que los miembros de

la familia duden en dejar al niño cuando llora o quiera irse con la familia. Los maestros de cuidado infantil pueden ayudar al mostrar comprensión y escuchar a la familia. Ellos también pueden mencionar estos puntos:

- El prolongar la despedida al momento de irse puede causar confusión a los niños.

- Una salida rápida, despidiéndose alegremente con palabras y gestos, le dará seguridad al niño de estar en buenas manos.

- El decir adiós ayuda a los niños a aprender a confiar en que el miembro de la familia no va a desaparecer sin avisarle.

- Un maestro de cuidado infantil puede permanecer cerca para tranquilizar al niño hasta que el niño se sienta lo suficientemente a gusto como para integrarse al grupo o jugar.

A veces es útil que el maestro le diga al miembro de la familia que este es un buen momento para marcharse. Si los miembros de la familia están tristes, usted podría ofrecer llamarles más tarde para decirles cómo está su hijo.

Cómo abordar los sentimientos de las familias acerca de la separación

- Comparta que las familias experimentan con frecuencia sentimientos fuertes de tristeza, ansiedad o culpabilidad durante el periodo de transición. A los padres les consolará el saber que otras familias tienen sentimientos semejantes.
- Sea generoso al comunicar información acerca las experiencias del niño en el programa de cuidado infantil, incluso si implica comentarle a los miembros de la familia acerca de la ansiedad que está experimentando el niño.
- Asegure a las familias que los maestros de cuidado infantil son individuos cariñosos y comprensivos, capaces de manejar la separación y que el proceso de adaptación no les hará daño a los niños.
- Reconozca que la separación podría no ser fácil para los niños.
- Hable con las familias acerca de los comportamientos que pueden esperar de los niños durante los primeros días de la separación y anime a los miembros de la familia a ser pacientes con el proceso de adaptación.
- Consulte a la familia para ver cómo se sienten acerca del proceso de separación.
- Si usted ha tenido experiencias semejantes con sus propios hijos, comparta sus sentimientos con la familia.
- Sugiera que uno de los padres o miembros de la familia hablen con otra familia que ya haya superado los sentimientos de culpabilidad, tristeza o ansiedad.

La adaptación al programa de cuidado es un proceso continuo.

Usted también puede indicar a los miembros de la familia las señales de que el niño está contento, saludable y creciendo y puede expresar su confianza en que el programa es un buen lugar para el niño. Los sentimientos positivos se contagian: las familias y los niños percibirán esos sentimientos.

Las experiencias con la separación de dos familias

Rosa abrocha con cuidado el cinturón del asiento de seguridad de Toñito. Con sentimiento de culpa mira hacia el asiento trasero, mientras se dirige hacia la casa de un proveedor de cuidado infantil a quien ella ha elegido para que cuide a su bebé. La casa está a solo una milla de distancia de la suya. Ella maneja despacio, casi como si no quisiera llegar y está al borde de las lágrimas.

"¿Estoy haciendo lo correcto?" se pregunta ella. "Quizás debí haberme quedado en casa con Toñito, pero necesito trabajar. ¿Llorará cuando me vaya? ¿Se acordará de mí cuando regrese? Detesto que me vaya a perder verlo comenzar a gatear, o cuando dé su primer paso. ¿Cómo puedo hacer esto? ¿Cuánto sé realmente acerca del programa de cuidado de bebés de María? Bueno, ya llegamos, Toñito. Hagamos la prueba al menos una semana".

Estos son los pensamientos que preocupan a Rosa cuando va de camino a la casa de María. Para poder ganarse la confianza de Rosa, así como de Toñito, de tres meses de edad, María tendrá que demostrar que es consciente de lo difícil que es para Rosa dejarlo. Los sentimientos de ansiedad de Rosa y sus dudas podrían tener poco que ver con María o la calidad del cuidado infantil que ella proporciona. Rosa ha elegido un programa de cuidado

de bebés para Toñito porque ella no tiene otra opción. Ella no tiene ninguna seguridad de que vaya a ser bueno para él.

Durante esta etapa de la separación, María puede ayudar a Rosa a tranquilizarse de varias maneras. "Éste es un día muy importante para usted y para Toñito, ¿verdad?" dice ella cuando llegan. El tono de María hace ver que entiende los sentimientos encontrados de Rosa. Su voz expresa comprensión sin hablar directamente acerca de un tema tan sensible.

María continúa: "Qué bueno que se pueda quedar un par de horas esta mañana. Toñito se sentirá mejor si puede hacer este cambio en su vida poco a poco". Esta afirmación le indica a Rosa que ella puede ayudar a Toñito con la transición y también destaca la importancia del papel de Rosa como madre. Rosa comienza a ver que María se preocupa por los sentimientos de ella y del bebé.

A los tres meses de edad, Toñito probablemente se separará de su madre sin mucha ansiedad. Esto podría ser una experiencia difícil para Rosa. María le explica que los bebés de la edad de Toñito aún no se dan cuenta que las cosas existen después de desaparecer, por lo que no entienden por completo el concepto del padre ausente. Para la edad de seis meses, él posiblemente comience a sentir "ansiedad por los extraños" y podría ponerse triste cuando lo dejan sólo con otra persona. Sin embargo, para entonces, la casa de María ya será como un segundo hogar para él. Ella ya no va a ser una extraña, sino que será uno de "los suyos".

En etapas posteriores de la separación y cuando menos se espera, podrían surgir nuevos problemas. Rosa podría sentirse más relajada por haber encontrado a una persona cariñosa en quien confiar a Toñito mientras ella se encuentra en el trabajo. Rosa se sentirá más cómoda en la casa de María y verá que Toñito se está desarrollando bien y parece estar encantado con el programa de cuidado infantil. Sin embargo, a un miembro de la familia le pueden surgir sentimientos de ansiedad por la separación mucho tiempo después de que termine el periodo de ingreso. La crisis puede suceder cuando Toñito tenga 11 meses de edad y Rosa se dé cuenta que él ya no quiere irse a casa cuando ella viene a recogerlo. Es posible que él llore cuando tenga que irse de la casa de María.

Esto puede provocar los sentimientos incómodos que Rosa experimentaba antes de darse cuenta que había encontrado un buen programa de cuidado infantil para su bebé. Ella se podría preguntar si el comportamiento de Toñito le está indicando que él siente que lo ha descuidado. Ella podría preguntarse: "¿Ama Toñito a María más de lo que me ama a mí?"

En ese momento, María tiene otra oportunidad para ayudar a Rosa y a Toñito a adaptarse al programa de cuidado infantil. Ella le puede decir a Rosa que el comportamiento de Toñito es normal en un niño que está aprendiendo acerca de la separación. Quizás Rosa pueda jugar con Toñito en la sala de María durante unos minutos antes de intentar llevárselo a casa. Él podría necesitar algo de tiempo para tranquilizarse pues estaba jugando antes de que llegara su madre.

María puede fortalezer los lazos entre Toñito y su madre de muchas maneras. Ella puede pedir a Rosa que proporcione una foto suya reciente para ponerla en el estante de Toñito. Ella puede hablar de Rosa durante el día, señalar su foto y recordar a Toñito cuánto le quiere y piensa en él su madre. María también podría dirigir su atención a los alimentos que Rosa prepara para el almuerzo de Toñito o la ropa que ella le empaca. Además, María podría sugerir que éste es buen momento en la vida de Toñito para visitar el lugar de trabajo de Rosa. De ésta y otras maneras, María puede reafirmarle a Rosa la importancia que tiene en la vida de Toñito el cuidado que recibe tanto en casa como en el programa, y ella puede subrayar que una relación de colaboración cariñosa entre ellas servirá para dar apoyo al bienestar de Toñito.

Jackie y Beverly

En contraste con Rosa, que preferiría no tener que trabajar pero se ve obligada por la necesidad económica, Jackie está dedicada a su carrera de abogada y a su bebé, Beverly. Cuando Beverly cumplió seis meses de edad, Jackie sintió que necesitaba regresar al trabajo.

Jackie tiene metas contradictorias. Ella quiere que Beverly tenga lo mejor en la vida, pero ella no está segura de qué es lo mejor. Ella no quiere quedarse en casa todo el timepo a cuidar a Beverly. Ella disfruta su trabajo como abogada, pero ella se pregunta si Beverly está perdiéndose una parte importante de la vida al no contar a diario con el cuidado de su madre. Ahora que Jackie ha regresado al trabajo, estos sentimientos encontrados provocan que ella se distraiga en el trabajo, se sienta irritable en casa y se sienta nerviosa en casa de María cuando pasa a recoger a Beverly. Debido a la tensión que experimenta Jackie respecto a su papel como madre, el tiempo que pasa con Beverly no le resulta tan gratificante como podría serlo.

El papel de María con esta madre será muy diferente del que se desempeña con Rosa. En esta situación familiar, ella necesita ayudar a Jackie a entender que no es necesario que la madre esté a disposición de su bebé las 24 horas del día para poder establecer y mantener los lazos importantes entre la madre y el hijo. María le sugiere a Jackie que pase un poco de tiempo hablando con otra madre que ha experimentado sentimientos semejantes. Hay libros, videos y otros recursos que María puede recomendar (o prestar) que también podrían ayudar a Jackie a ver que el tener una carrera no necesita estar en conflicto con tener una familia. Además, María podría referir a Jackie a alguna organización en la comunidad que se especialice en ayudar a las madres como Jackie que se sienten en una situación de conflicto interno.

Cómo ayudar a las familias con sentimientos encontrados

Los maestros de cuidado infantil pueden ayudar más a los niños y a las familias durante los periodos de transición si apoyan activamente los lazos entre el niño y la familia y establecen relaciones con la familia y el niño. He aquí algunas estrategias para apoyar a las familias:

- Hable con el niño con frecuencia acerca de su familia.
- Muestre al niño fotografías de su familia.
- Recuerde al niño que su familia regresará para llevárselo a casa.

- Hable acerca de los objetos de transición (como la cobija, el animal de peluche, los alimentos, etc.) que el niño trae de casa.
- Considere abordar el dolor de la separación del miembro de la familia directamente, como hace el maestro de cuidado infantil en el siguiente ejemplo:

> *La niña Johanna, de once meses de edad, se aferraba a la ropa de su abuela, a punto de llorar. Su maestra de cuidado infantil, Charlyn, le dice a la abuelita de Johanna: "Cuando se disponga a salir, es posible que Johanna se ponga triste. Ésta es su manera de decirle que la quiere y que no quiere que se vaya. Usted podría sentir ganas de llorar por el mismo motivo, pero no se preocupe. Las cosas serán más fáciles con el tiempo. Es difícil decir adiós a las personas a quienes amamos".*

Cada familia tiene sentimientos distintos respecto al cuidado infantil, y los miembros de la familia se podrían sentir incómodos acerca de recurrir al cuidado infantil por motivos distintos. Escuche con atención a los miembros de la familia y utilice sus habilidades de observación para aprender acerca de las circunstancias y sentimientos específicos de cada familia.

Preguntas a considerar

1. Antes de comenzar el proceso de ingreso, ¿piensa usted en cosas, específicas a esta familia, que los miembros de la familia pueden hacer para ayudar a sus niños a aceptar la separación?
2. Si su programa tiene más de un maestro de cuidado infantil, ¿se elige a un maestro en el momento del ingreso para que sea el maestro de cuidado infantil principal del niño de reciente ingreso? ¿Se le asigna a ese maestro como el principal responsable de comunicarse con la familia del niño?
3. ¿Cuáles son algunas maneras en que usted puede ayudar a las familias y a sus hijos durante los momentos de despedida?
4. ¿Alienta usted a los maestros de cuidado infantil y a otros miembros de la familia a pasar tiempo en el programa de cuidado infantil cuando dejan o recogen a sus hijos? ¿Cómo puede usted preparar a los miembros de la familia para este paso?
5. ¿Entienden plenamente las familias el proceso de ingreso que usted propuso en el momento de la inscripción? Cuando una familia no puede pasar mucho tiempo con su hijo durante el proceso de ingreso, ¿proporciona usted apoyo para ayudarles a hacer lo más que puedan?

Obras y materiales de consulta

Libros y artículos

Balaban, Nancy. "The Role of the Child Care Professional in Caring for Infants, Toddlers, and Their Families." *Young Children* 47 (julio 1992): pág. 66–71.

Aborda los principales elementos del papel del maestro de cuidado infantil, como consolar al niño, compartir conocimientos acerca de las expectativas adecuadas y facilitar la separación entre padres e hijos.

Brazelton, T. Berry. *Working and Caring.* Boston, MA: Addison-Wesley Longman, 2000.

Explora las dificultades psicológicas que enfrentan los padres que recurren al cuidado infantil para sus hijos de cero a tres años. Son especialmente útiles las secciones que tratan el desarrollo de las relaciones entre los padres y los bebés y las sugerencias para elegir al programa de cuidado infantil y adaptarse a él.

Gonzalez-Mena, Janet, y Nava Peshotan Bhavnagri. "Cultural Differences in Sleeping Practices: Helping Early Childhood Educators Understand." *Child Care Information Exchange* 138 (marzo/abril 2001): pág. 91–93.

Se centra en las maneras en que los maestros de cuidado infantil pueden proporcionar un cuidado infantil adecuado al desarrollo y la cultura del niño. Se aborda el papel de los valores, las creencias, las prioridades, los objetivos culturales y la importancia de la comunicación entre los maestros de cuidado infantil y los padres.

———. "Diversity and Infant/Toddler Caregiving." *Young Children* 55 (septiembre 2000): pág. 31–35.

Sugiere el diálogo reflexivo para aprender acerca de los motivos de tipo cultural de las prácticas de la familia, con la intención de encontrar soluciones creativas que satisfagan tanto a los maestros de cuidado infantil como a las familias.

Jarvis, Kathy, editora. *Separation*. Washington, DC: National Association for the Education of Young Children, 1987.

Un recurso con abundante información para el personal de los programas de cuidado infantil y los padres de familia. Se puede obtener de la National Association for the Education of Young Children, Washington, DC. http://www.naeyc.org/. Teléfono: 202-232-8777.

Leavitt, Robin L., y Brenda K. Eheart. *Toddler Day Care: A Guide to Responsive Caregiving*. Lexington, MA: Lexington Books, 1985.

Una guía completa de los distintos aspectos del cuidado de los bebés mayorcitos. Incluye un capítulo acerca de cómo colaborar con padres que trabajan para facilitar la separación.

Lerner, Claire, y Amy Laura Dombro. *Aprender y crecer juntos* Washington, DC: Zero to Three, 2000.

Incluye cuatro secciones acerca de cómo apoyar a los padres en el proceso de aprendizaje: "Cómo se siente el ser padre de familia"; "Cómo sintonizar con su hijo"; "Los increíbles primeros tres años de vida"; y "En conclusión: pensamientos acerca del desarrollo futuro".

McCracken, Janet Brown. *So Many Good-byes: Ways to Ease the Transition Between Home and Groups for Young Children*. Washington, DC: National Association for the Education of Young Children, 1995.

Folleto para familias sobre cómo ayudar a los niños a adaptarse a un programa nuevo de cuidado infantil. Se puede obtener de la National Association for the Education of Young Children, Washington, DC. http://www.naeyc.org/. Telephone: 202-232-8777.

Osborne, Sandy. "Attachment and the Secondary Infant Care Teacher." *Day Care and Early Education* 13, Núm. 3 (primavera 1986): pág. 20–22.

Aborda los problemas que encuentran los maestros de cuidado infantil secundarios por la ansiedad por la separación de los niños pequeños. Ofrece estrategias para facilitar la separación de los padres o del maestro de cuidado infantil principal y mitigar la intensidad de la ansiedad del niño.

Phillips, Deborah A. "Infants and Child Care: The New Controversy." *Child Care Information Exchange* 58 (noviembre 1987): pág. 19–22.

Sostiene que las investigaciones no sustentan la postura de Jay Belsky que afirma que estar en un programa de cuidado infantil durante más de 20 horas a la semana presenta un factor de riesgo para el apego inseguro evitativo y la conducta social infantil mal adaptada. Sugiere que la calidad del cuidado infantil y las características de la familia tienen una influencia muy grande.

Provence, Sally, et al. *The Challenge of Daycare*. London and New Haven: Yale University Press, 1977.

Describe "The Children's House", un proyecto de servicio e investigación sobre los niños de cero a tres años. Revela información obtenida en condiciones clínicas acerca de: las relaciones entre los maestros de cuidado infantil y los padres; la separación; el currículo adecuado; y los ambientes cariñosos para los niños pequeños. Incluye información práctica y formularios para su uso en observaciones y en la planificación del currículo.

Stone, Jeannette Galambos. *Teacher-Parent Relationships*. Washington, DC: National Association for the Education of Young Children, 1987.

Un folleto que se enfoca en un aspecto difícil aunque esencial del cuidado infantil: el desarrollo de buenas relaciones de colaboración con los padres. Incluye pautas prácticas y fotografías. Se puede obtener de la National Association for the Education of Young Children, Washington, DC. http://www.naeyc.org/. Telephone: 202-232-8777.

Stonehouse, Ann, y Janet Gonzalez-Mena. "Working with a High-Maintenance Parent: Building Trust and Respect Through Communication." *Child Care Information Exchange* 142 (noviembre/diciembre 2001): pág. 57–59.

Describe la manera en que el personal de cuidado infantil ayuda a una madre a tratar las dificultades de la separación con su niño de 18 meses. Destaca el valor de la empatía para comprender y apoyar a cada familia.

Viorst, Judith. *Necessary Losses*. Nueva York: Simon & Schuster, 1998.

Una discusión a fondo acerca de las pérdidas que experimentan las personas desde la infancia hasta la vejez. La primera sección del libro trata de la infancia temprana hasta la pubertad. La separación que debe ocurrir durante los primeros dos años de vida es vista como parte de un proceso continuo y por tanto adquiere un significado mayor. En el reverso de la cubierta tiene una definición adecuada de las pérdidas: "Los amores, las ilusiones, las dependencias y las esperanzas imposibles a los que todos tenemos que renunciar para crecer".

Materiales audiovisuales

Los primeros pasos: El niño es bienvenido a un ambiente acogedor. DVD, 27 minutos. Estados Unidos: Programa para el Cuidado Infantil (Una colaboración entre el Departamento de Educación de California y WestEd), 1988.

Demuestra pasos prácticos que los maestros de cuidado infantil toman para ayudar a los niños a sentirse más a gusto en su nuevo entorno, haciendo que la separación entre el niño y la familia sea más fácil para todos. El DVD está disponible en inglés y en español y se puede obtener en http://www.pitc.org/.

Cuarta sección:

Cómo colaborar con las familias en el contexto de sus culturas

Aunque a veces pensamos en las culturas en términos de la comida, la música, las costumbres y la manera de vestir, los aspectos más importantes y más duraderos de la cultura en las familias, no son tan evidentes. La cultura es un conjunto de valores, creencias y prácticas con que crecen y viven las familias, a los que se acogen y en los que confían y que utilizan para definir su identidad y determinar cómo interactuar con los demás. La mayoría de las familias que viven en sociedades multiculturales tienen más de una cultura. En algunos casos, sus hijos son biculturales o multiculturales y aprenden a desenvolverse, en distintas medidas, en todas las culturas de sus familias.

El poder de la cultura

La cultura tiene un efecto muy fuerte en cada familia. Los aspectos de la cultura se expresan en la forma en que los miembros de la familia se comunican unos con otros, en las decisiones que toman acerca del cuidado de sus bebés y en la manera en que participan en los programas de cuidado infantil de sus hijos. La cultura siempre está presente y cada uno de nosotros vivimos al menos dentro de un ámbito cultural.

Algunas personas son más conscientes de la cultura que otras. Aquellos que viven en zonas donde todas las personas que hay a su alrededor tienen las mismas culturas, el mismo idioma, las mismas creencias, costumbres y conductas en general, a veces son menos conscientes de la influencia de la cultura en sus vidas. Ellos posiblemente asuman que todo el mundo debe comportarse de la misma manera que ellos lo hacen. Sin embargo, cada cultura y filosofía de vida representa solamente una determinada forma de vivir. Las personas con otros trasfondos culturales se comportan de maneras que aunque distintas a las nuestras, son igual de válidas.

Cómo apoyar las conexiones de los niños con su familia y su cultura

Los niños que ingresan a los programas de cuidado infantil cuando son bebés tiernos o mayorcitos se encuentran en una etapa crítica de la formación cultural y de la identidad. Los niños no nacen con cul-

tura, sino que la absorben de las personas a su alrededor, asimilando lo que ven y lo que oyen. Los mensajes culturales que los niños de cero a tres años reciben de sus maestros tienen un fuerte impacto en los niños. Cuando la cultura del maestro o del programa es distinta a la del niño, éste podría recibir mensajes contradictorios acerca de cómo comportarse y cómo comunicarse con los demás. En casos extremos, esto puede resultar en la enajenación del niño de su propia familia, cultura e idioma. Esto es especialmente cierto cuando los maestros refuerzan los mensajes que el niño recibe de la cultura dominante en el país donde vive su familia. Para que los niños adquieran un sentido positivo de identidad cultural y de pertenencia a su propia familia, los programas de cuidado infantil deben reconocer, apoyar e incluir las prácticas culturales de las familias en su programa.

A la mayoría de las familias les preocupa profundamente la identidad que adquieren sus bebés y quieren que sus niños se mantengan estrechamente vinculados a su familia y su cultura. Las familias con frecuencia buscan programas donde los proveedores de cuidado infantil

(o líderes de programa y maestros) hablen su idioma y tengan el mismo trasfondo cultural que ellos. Cuando hay una correspondencia lingüística y cultural, las familias generalmente sienten más confianza en que se apoyarán las conexiones con el hogar. Este tipo de cuidado también apoya la formación de la identidad cultural, la sensación de seguridad y la capacidad para aprender.

Algunas familias podrían preferir un programa que permita a sus niños de cero a tres años estar expuestos a otra cultura o idioma desde temprano. Otras familias podrían no tener la opción de elegir un programa que represente sus raíces. Cuando un niño de cero a tres años recibe cuidado en un idioma o cultura distinta a la de su familia, el papel del programa es apoyar de manera constante las conexiones que tiene el niño con su familia. En la medida de lo posible, la cultura y el idioma de la familia deben respetarse e incluirse en el ambiente de cuidado infantil. Los niños y las familias necesitan este tipo de apoyo para fortalecer la conexión del niño con su familia, hogar, idioma y cultura.

Usted puede incluir a las familias en el programa de muchas maneras. Comience invitando a los miembros de la familia a compartir sus perspectivas con usted. Con respeto, interés y sensibilidad, usted puede aprender acerca de sus costumbres, actitudes y las expectativas que tienen para sus hijos. Por ejemplo: ¿Qué valor tienen para ellos la individualidad, la responsabilidad y cómo consideran las expresiones físicas y verbales? ¿Cuáles son sus puntos de vista respecto a cómo responder a los niños, cómo dirigirse a ellos y cómo pensar acerca de ellos? Los maestros de cuidado infantil y las familias deben hablar de estos temas para que los maestros puedan aprender acerca de los valores que hay detrás de las prácticas de las familias y no ver tan solo las prácticas mismas. Los miembros de la familia con frecuencia hablan acerca de estos temas en el contexto de ejemplos concretos. Por ejemplo, durante una conversación acerca de cómo y cuándo quisieran que usted iniciara el proceso de aprender a usar el baño, ellos le pueden dar una idea de sus perspectivas respecto a la independencia y la autonomía.

Usted puede apoyar las conexiones de los niños con sus familias y sus culturas de otras maneras, incluyendo la manera en que utiliza el ambiente. Recuérdele a los niños a sus familias y sus hogares de las siguientes maneras:

- Ponga discos compactos o videos con canciones y cuentos en el idioma de la familia.

- Cuelgue fotografías de los miembros de la familia, amistades y mascotas de los niños.

- Exhiba objetos, en el programa de cuidado infantil, que provengan de los hogares de los niños o que les sean familiares.

Usted puede hablar acerca de los miembros de la familia del niño a lo largo del día para mantenerlos presentes en la mente del niño. Por ejemplo, "Mami te preparó el almuerzo. A ver qué te empacó". O bien: "Tu abuelita dijo que te gusta que te envuelvan en tu cobijita así". Hablar acerca de las personas importantes en las vidas de los niños los mantiene vinculados con sus familias a pesar de la separación física. Este método debe integrarse de manera natural a las rutinas del cuidado infantil y las actividades diarias.

El incluir a las familias y sus prácticas culturales en el programa apoya el desarrollo saludable de los niños y su aprendizaje de muchas maneras:

- Los niños se sienten más seguros cuando ven y escuchan cosas que les recuerdan a su hogar y su familia.

- Los niños saben que pueden esperar y lo que se espera de ellos.

- Los niños entienden mejor lo que se les dice y lo que está sucediendo.

- Los niños experimentan menos estrés que puede afectar de manera adversa el desarrollo cerebral.

- Los niños se sienten con mayor libertad para explorar e interactuar con otros niños y adultos.

- El aprendizaje de los niños en casa recibe el apoyo de lo que aprenden en el programa de cuidado infantil y viceversa.

- Los niños aprenden a sentirse bien acerca de sí mismos y de dónde provienen y adquieren un sentido de identidad positivo.

Las diferencias dentro de las culturas

Si habla con familias de culturas distintas acerca de sus actitudes, valores y prácticas, esto le ayudará a usted a entender la diversidad de culturas y prácticas culturales. Sin embargo, esto no debe ser motivo para que agrupe a las personas en categorías sencillas. Familias de una misma cultura pueden tener visiones del mundo, experiencias, costumbres y prácticas de crianza infantil muy distintas. Dentro de una determinada cultura, las variaciones entre una familia y otra pueden ser mayores que entre las familias de dos culturas diferentes. Los factores socioeconómicos también influyen a las culturas familiares. Incluso en comunidades que parecen ser homogéneas, puede haber diferencias. Algunas familias están más firmemente arraigadas a sus culturas y siguen más las pautas culturales que otras.

Cada familia es una cultura en sí misma y cada miembro de la familia es un individuo único.

También es importante evitar tener estereotipos sobre las culturas de las personas que pertenecen a la misma región. Por ejemplo, aunque algunas personas coreanas, japonesas y chinas podrían sentir una conexión entre sí y compartir ciertos aspectos de sus culturas, cada una de estas culturas nacionales tiene sus propias costumbres, idiomas y experiencias históricas. Los mismo es cierto de los países y culturas de América Latina. No sólo tiene cada país sus propias creencias y valores culturales, sino que distintas regiones dentro de cada país también podrían tener distintos idiomas, dialectos, prácticas religiosas o actitudes hacia la educación.

Los conceptos de la independencia y la interdependencia

Los valores, las prioridades y las suposiciones culturales son la base de todas las diferencias culturales e influyen profundamente en las prácticas de crianza infantil.

Sin embargo, las suposiciones culturales no son siempre evidentes, y algunas de ellas pueden ser casi invisibles. Una manera de ilustrar los distintos valores culturales sobre la crianza infantil es examinar los valores de las personas respecto a la independencia e interdependencia.

A continuación se ilustran dos ejemplos de familias con perspectivas distintas acerca de estos valores. En el ejemplo, los miembros del programa comparten con una de las familias la creencia de que la independencia es importante. Una segunda familia enfatiza la importancia de la interdependencia.

Imagínese que dos familias, cada una con un niño de 18 meses, inscriben a sus hijos en el mismo programa de cuidado infantil. Una familia se siente a gusto con el programa porque los maestros de cuidado infantil y la familia tienen una manera muy semejante de satisfacer las necesidades de los niños. Los miembros de la familia han aprendido de los maestros que el programa hace énfasis en el desarrollo individual (la independencia) y que su objetivo es ayudar a los niños a ser extrovertidos, amigables, informales y capaces de expresar sus sentimientos y estar dispuestos a explorar. Los logros personales se aplauden, con frecuencia de manera literal. Los maestros de cuidado infantil fomentan las habilidades para cuidar de sí mismos en los niños, al igual que la familia lo hace en casa.

La otra familia siente que los objetivos del programa y sus expectativas son extraños. En lugar de centrarse en las habilidades para cuidar de sí mismo, la independencia y los logros personales, la familia fomenta la importancia de un ambiente de armonía y apoyo mutuo (la interdependencia). Ellos esperan que su hijo sea reservado en lugar de que exprese sus sentimientos verbalmente. Los maestros que celebran los logros individuales trabajan en contraposición al objetivo de la familia de enseñar la interdependencia y la modestia respecto a los logros personales.

Si usted fuera un maestro de cuidado infantil que, como la primera familia, valora la independencia, ¿cómo colaboraría con una familia que valora la interdependencia? Si usted fuera un maestro de cuidado infantil que comparte el énfasis de la segunda familia por la interdependencia, ¿cómo colaboraría con una familia que valora la independencia? En cada caso, sería responsabilidad suya y del programa apoyar los valores de la familia lo más posible. Aunque el valor de la primera familia de la independencia se reforzaría por medio de la cultura dominante en los Estados Unidos, el valor de la segunda familia de la interdependencia enfrentaría desafíos diariamente. El apoyo del programa sería vital para que el segundo niño mantuviera una conexión estrecha con su familia y sus valores.

Hay preferencias claras respecto a la independencia o la interdependencia en las culturas homogéneas, pero en la vida diaria en los Estados Unidos, estas preferencias con frecuencia se mezclan. Por ejemplo, un padre podría querer que su hija pequeña exprese su voluntad respecto a sus sentimientos y necesidades (independencia) y también querer que ella cuente con el apoyo de los adultos a su alrededor (interdependencia). Cada programa de cuidado infantil y cada familia tienen una cultura muy particular de inde-

El apoyo a la participación plena del niño en la cultura de su familia es vital para su desarrollo óptimo.

Tomado de *El cuidado del niño de cero a tres años en grupo: Una guía para el cuidado infantil culturalmente sensible.*

pendencia versus interdependencia. En un programa, esa cultura varía de acuerdo a las culturas de los miembros del personal y la filosofía del programa.

Tradicionalmente, ha prevalecido una "cultura" dentro del campo de la primera infancia de independencia. Sin embargo, un aumento en la cantidad de los niños de cero a tres años en programas de cuidado infantil, el aumento en el multiculturalismo en la sociedad estadounidense y un mayor conocimiento de la importancia de la cultura en el desarrollo infantil temprano, han ocasionado que se haya dado un

giro filosófico gradual hacia la adaptación de los patrones culturales de las familias de los niños. El abordar este tema y otros valores culturales debe ser un elemento central de los esfuerzos del programa a favor de la sensibilidad cultural. Es precisamente en este nivel más profundo, en vez de en los objetos, la comida y las celebraciones culturales, en el que deben centrarse los programas de cuidado infantil.

Cuando las diferencias causan incomodidad

Es común que las personas se sientan incómodas o amenazadas por otras que parecen distintas a ellas. Cuando los maestros de cuidado infantil y las familias en un programa tienen antecedentes distintos, es posible que tengan sentimientos, al menos al principio, que hagan que se les dificulte tratarse unos a otros con empatía y respeto. Las diferencias del idioma y la cultura presentan retos considerables a la comunicación con las familias de otras culturas, aunque es posible sobreponerse a ellos. El objetivo es mostrar respeto y aprecio por la manera de hacer las cosas de cada familia y, a la vez, compartir con ellas lo que usted sabe

acerca de los niños de cero a tres años. He aquí algunas medidas que le pueden ayudar a entender a las personas que son distintas a usted:

- Dedique tiempo a aprender acerca de las actitudes culturales, las expectativas y los valores, pero no piense que va a saberlo todo acerca de la cultura de otra persona.

- Arriésguese a reconocer sus sentimientos de incomodidad.

- Trate de sentir empatía por los demás, poniéndose en su lugar.

- Actúe con tacto en situaciones sensibles, para impedir que surjan sentimientos negativos.

- Muestre flexibilidad, respeto y disponibilidad para adaptarse lo más posible.

Cuando surjan dificultades de tipo cultural entre los miembros de la familia y los maestros, usted se podría beneficiar de un proceso llamado: "Reconocer, preguntar y adaptar". Este proceso consta de los siguientes pasos:

- Reconozca ante sí mismo y, si fuera lo indicado, ante la familia, que hay un problema que es necesario abordar.

- Pida información para entender la perspectiva de la familia y aclarar su punto de vista.

- Adáptese por medio de la comunicación acerca del tema, explorando y negociando una resolución mutuamente acordada.

Para aprender más acerca de este tema, consulte la publicación del Programa para el Cuidado Infantil, *El cuidado del niño de cero a tres años en grupo: Una guía para el cuidado infantil culturalmente sensible*. Vea la sección obras y materiales de consulta, si desea más información acerca de esta obra.

El llegar a concienciarse y sensibilizarse acerca de la cultura es un proceso que dura toda la vida. Reconozca que fortalecer la confianza mutua puede tomar tiempo, pero un ambiente donde prevalezcan la aceptación, la equidad y la buena voluntad, ayudará a que exista esa confianza. El tener una actitud abierta hacia las personas que sean distintas a usted le puede ayudar a crear un programa de cuidado infantil que esté lleno de vida y armonía y que fomente el intercambio cultural.

Las familias que provienen de circunstancias difíciles

Las experiencias pasadas de las familias influirán en cómo decide usted acercarse a ellas y colaborar con ellas. Muchas familias han tenido que hacer frente a experiencias duras antes de llegar a su programa. Algunas posiblemente hayan vivido en circunstancias de pobreza y marginación en los Estados Unidos por varias generaciones. Otras puede que hayan huido de países azotados por la guerra o de regiones con escasez de alimentos, o también podrían haber sufrido la violencia doméstica o la desintegración familiar. Algunas familias se adaptan con relativa rapidez a sus vidas nuevas, mientras que otras llevan consigo recuerdos amargos y pérdidas traumáticas que repercuten en sus vidas cotidianas.

El trabajar con familias que provengan de circunstancias difíciles exige mostrar sensibilidad y genuina preocupación por sus circunstancias. Los maestros pueden tener un impacto positivo sobre la adaptación de los miembros de la familia a sus vidas presentes, sobre la imagen que tienen de sí mismos, sobre sus sentimientos sobre la vida y sobre lo que les comunican a los niños de cero a tres años. El programa de cuidado infantil podría

ser el primer contacto con la comunidad que las familias hayan iniciado de manera voluntaria. Por ello, los sentimientos que los miembros de la familia adquieran hacia el programa tenderán a establecer el sentimiento de confianza o la falta de confianza hacia otras organizaciones comunitarias. Si se trata a los miembros de la familia con calidez y respeto, ellos podrían sentirse animados a buscar otras fuentes de apoyo.

Cuando los miembros de la familia empiezan a establecer relaciones con usted, ellos podrían compartir con usted información acerca de sí mismos y acerca de los sucesos que impactan sus vidas. Esta información puede ayudarle a entenderles a ellos y a las circunstancias en las que han vivido desde su llegada a los Estados Unidos. Sin embargo, no se les debe pedir que proporcionen esta información y, en caso que la ofrecieran, debe considerarse información confidencial.

Cómo ayudar a las familias a sentirse como en su casa

He aquí algunas maneras en que puede ayudar a las familias que provienen de distintas culturas a sentirse como en su casa, tanto las que han sido ciudadanos de los

Estados Unidos desde hace mucho, como las que recientemente llegaron al país:

1. Haga todo lo que pueda para contratar a miembros del personal que representen a las culturas y hablen los idiomas de las familias en el programa.

2. Si el personal no representa a las culturas de las familias, averigüe qué idiomas hablan en casa las familias. Trate de aprender algunas palabras comunes, como hola, adiós, gracias, familia, pañal, biberón, comer, hambre, manzana, galleta, leche, contento, triste, etc.

3. Estudie un idioma distinto al suyo. ¡El bilingüismo beneficia a todos!

4. Anime a los miembros de la familia a participar, invitándoles a compartir sus habilidades.

5. Preste atención a las noticias sobre los países de donde provienen de las familias, para que pueda mostrar su interés y conocimiento en caso que las familias quieran hablar acerca de sus países de origen.

6. Disponga de un salón para que las familias puedan convivir y tener conferencias.

7. Pida a los miembros de las familias que le enseñen una canción de cuna o rima infantil en su idioma para ayudar a los niños a que se sientan más a gusto en el programa. Enseñe canciones de cuna y rimas infantiles de su propia cultura.

8. Cree un ambiente que refleje las culturas de las familias en el programa.

9. Sea consciente del hecho que las personas tienen preferencias distintas respecto a las interacciones. Algunos miembros de la familia prefieren interactuar con una persona del mismo género. Otros posiblemente se sientan más cómodos al interactuar con alguien que ocupe un puesto de autoridad. Algunas podrían sentirse incómodas si una persona que no conocen muy bien les hace preguntas.

Los aspectos culturales que surgen en los programas de cuidado infantil

Ciertas diferencias culturales probablemente requerirán atención más sensible que otras en los programas de cuidado infantil. Los siguientes tipos de diferencias pueden hacer que surjan situaciones que necesiten abordarse:

- La estructura familiar
- La disciplina de los niños
- Las rutinas cotidianas del cuidado infantil y el cuidado de sí mismos
- Las creencias y los rituales religiosos
- Las actitudes hacia la propiedad
- Las prácticas de salud

La estructura familiar

Las estructuras familiares pueden variar enormemente entre una cultura y otra. Un "núcleo familiar", la estructura familiar que con frecuencia se idealiza en los Estados Unidos, es una unidad familiar compuesta de un padre o padres (o figuras paternales) y un hijo o hijos. Sin embargo, muchos ciudadanos y residentes estadounidenses, así como una proporción importante de la población mundial, vive en familias extensas. Una familia extensa puede incluir a abuelos, tíos y tías, primos y primas, así como a los padres y a sus propios hijos. En otra estructura familiar que se base en una red de parentescos, la unidad familiar puede incluir a todos los anteriormente mencionados, y además a los amigos cercanos y otras personas que no estén relacionadas ni por lazos sanguíneos ni políticos.

La manera en que una familia toma decisiones también puede variar enormemente. En algunas familias, los adultos toman decisiones en conjunto. En otras, se incluye a los niños en el proceso de toma de decisiones. Ambos de estos sistemas difieren de las familias en las que el cabeza de familia, hombre o mujer, toma todas las decisiones importantes. La cabeza de familia también pueden ser la persona de mayor edad o un grupo de personas mayores con o sin parentesco.

Aquí presentamos un ejemplo que muestra cómo la falta de conocimiento de un maestro de cuidado infantil acerca de la estructura familiar puede provocar una malentendido entre el maestro de cuidado infantil y la familia:

Kim es un niño coreano de dos años de edad a quien le gusta deambular. Su maestra de cuidado infantil se siente ansiosa por su seguridad porque él no responde cuando ella va tras él. Ella le informa a la madre de Kim acerca de esto.

MAESTRA DE CUIDADO INFANTIL: Sabe, me preocupa Kim. El deambula con frecuencia y cuando voy tras él, sale corriendo. Temo que se vaya a lastimar.

MADRE: Yo me haré cargo de eso.

La manera en que la madre trata el asunto es decirle a su marido, y como el marido piensa que es responsabilidad suya responder directamente a la conducta de su hijo, él disciplina a Kim con un regaño acerca de la vergüenza que está provocando a la familia.

Éste no es el resultado que esperaba obtener la maestra de cuidado infantil. Si ella hubiese conocido las diferencias en las estructuras familiares, podría haber planteado el problema de manera distinta, incluyendo al padre en la conversación inicial acerca de la conducta de Kim para así procurar obtener un resultado diferente.

La disciplina de los niños

La manera en que una familia aborda la disciplina de los niños, por parte de quién, y cómo se les disciplina, refleja la estructura y el sistema de valores de la familia. Muchas culturas conceden a los niños bastante tiempo para asumir la responsabilidad de sus actos y rara vez les castigan antes de la edad de los cinco años. Cuando se disciplina a los niños pequeños, el método debe ser gentil y persuasivo en lugar de castigarlos. Por ejemplo, una madre podría decir con suavidad: "No, no, esa no es la manera Hopi de hacerlo", a la vez que retira suavemente la mano de su hijo de algo que no debe tocar.

En algunas culturas, la madre y el padre comparten la responsabilidad de disciplinar a los niños pequeños, en tanto que en otras culturas, la responsabilidad le corresponde al varón que encabeza la unidad familiar. En la cultura Hopi, el

de sus actividades cotidianas. La idea de conseguir a una "niñera" que no sea de la familia para que la familia salga por la noche es algo que les parece extraño. Además, en algunas familias, los bebés no duermen solos. Ellos posiblemente duerman con la madre, la abuela, otro pariente o un hermano o hermana.

Las rutinas familiares también difieren. En los países altamente industrializados, donde la jornada familiar se planifica en torno a las restricciones de tiempo, un punto de vista cultural común es que a los niños se les debe acostar a una hora determinada. Otras culturas son menos estructuradas. En estos contextos culturales, las familias se acomodan a los ritmos de sueño naturales de los bebés y no se rigen por un horario. Cuando al niño de cero a tres años le da sueño, puede encontrar un rincón acogedor donde quedarse dormido, o bien, se le puede llevar a la cama. Como se quejaba una madre indígena estadounidense con el maestro de cuidado infantil: "¡Siempre están hablando de la hora, en el programa!" Al maestro de cuidado infantil le sorprendió el comentario y preguntó a la madre a qué se refería. "Bueno, por ejemplo, está la hora de la comida, la hora de los bocadillos, la hora de la siesta, la hora de jugar al aire libre". "Ah", le contestó el maestro: "Nunca se me habían ocurrido pensar en las palabras que usamos". La madre respondió: "Pienso que usted está tratando que yo haga lo mismo en casa, pero esa no es mi manera de hacer las cosas".

Las familias y los maestros de cuidado infantil a veces tienen ideas muy distintas acerca de cómo enseñar a los niños a usar el baño. Algunas familias ponen a los niños en la bacinilla enseguida, durante el primer año de vida. En otras familias, hay ocasiones en que los bebés no usan pañales; cuando el clima lo permite, un niño podría llevar sólo una camisa y se le

que aplica la disciplina tradicionalmente es el hermano de la madre. En algunas regiones de los Estados Unidos, el padre es la autoridad final y a los niños se les castiga severamente desde una edad muy temprana. La manera en que usted socializa al niño siempre es importante y debe formar parte de las conversaciones entre la familia y los maestros.

Las rutinas cotidianas del cuidado infantil y el cuidado de sí mismo

En muchas culturas se considera al niño de cero a tres años como parte de la madre. Ella lleva al niño dondequiera que vaya. A un niño no se le puede quitar el pecho hasta que nazca otro niño. Cuando un recién nacido desplaza al bebé mayorcito de su lugar al lado de su madre, los adultos y los niños mayores con frecuencia comparten la responsabilidad de cuidar y proteger al bebé mayorcito. En muchas culturas, no se espera que los niños de cero a tres años aprendan a cuidarse a sí mismos durante los primeros años de vida. Esto se ajusta al patrón de interdependencia de las culturas de estas familias.

En las culturas interdependientes, es más probable que las familias incluyan a los niños de cero a tres años en la mayoría podría permitir ir afuera a orinar cuando sea necesario. La higiene, especialmente al grado que se requiere en los programas de cuidado infantil, podría ser un valor menos importante que otros para las familias.

Las prácticas de la alimentación también varían entre una cultura y otra. La forma en que se alimenta a los niños de cero a tres años, incluyendo cuándo, qué y cómo se preparan los alimentos, puede variar mucho. Algunas familias no quieren que sus hijos toquen los alimentos con las manos. Otras los alientan a alimentarse solos y les ofrecen alimentos que puedan comer con los dedos. Cuándo se deja de dar el pecho al niño y la introducción de alimentos sólidos son temas que reflejan las diferencias culturales, incluyendo los aspectos de la independencia contra la interdependencia. Las familias con frecuencia tienen sentimientos intensos respecto a los alimentos y la alimentación.

Muchos malos entendidos entre las familias y los maestros surgen por no identificar las diferentes perspectivas culturales respecto al uso del baño, la alimentación, la higiene y otros aspectos de las rutinas de cuidado personal. Los maestros

de cuidado infantil pueden ayudar a evitar estos malos entendidos si piden información a los miembros de la familia por adelantado y se mantienen abiertos a sus maneras de criar a los niños. En el contexto de la familia y la cultura del niño, las prácticas de la familia generalmente son adecuadas y apoyan el crecimiento del niño. En la mayoría de los casos, las prácticas de cuidado infantil se pueden modificar para que concuerden lo más posible con las rutinas en casa. Recuerde que la perspectiva cultural de cada familia debe anteponerse a las creencias del programa. Esto no significa que su propia perspectiva no sea importante, pero sí significa que las prioridades culturales de la familia se anteponen en cuanto al niño se refiere. Para proporcionar este tipo de cuidado infantil, los maestros de cuidado infantil deben aprender a ser sensibles a la cultura, entender sus propias perspectivas culturales y poner de lado sus preferencias personales por el bien del niño y la familia. Para aprender más acerca de este tema, consulte la publicación del Programa para el Cuidado Infantil titulada, *El cuidado del niño de cero a tres años en grupo: Una guía para el cuidado infantil culturalmente sensible*, y el DVD *Relaciones indispensables: Diez pautas para un cuidado infantil culturalmente sensible*. Vea la sección de obras y materiales de consulta al final de esta sección si desea más información.

Las creencias y los rituales religiosos

Los maestros de cuidado infantil a veces se encuentran con prácticas religiosas que son muy distintas a las suyas. Algunos ejemplos incluyen el seguir reglas para la dieta, los ayunos, la vestimenta que cubre ciertas partes del cuerpo, el uso de amuletos o prendas de protección y el esperar cosas distintas de los hombres, las mujeres, las niñas y los niños. Las familias posiblemente no quieran que sus hijos festejen fiestas religiosas de una manera distinta a la propia, y es posible que mantengan en casa a sus hijos durante las fiestas que son desconocidas para los maestros de cuidado infantil. Las ausencias relacionadas con las prácticas religiosas pueden ser prolongadas y frecuentes. Por ejemplo, una familia de inmigrantes podría regresar a su país de origen durante un festejo religioso que puede durar varias semanas. Estas prácticas culturales son muy importantes para las familias y deben respetarse y apoyarse siempre que sea posible.

Las actitudes hacia la propiedad

Algunas culturas no reconocen la propiedad individual. Las posesiones pertenecen a todos y los objetos se entregan a los miembros individuales de la familia según la necesidad. Si el patrón cultural de usted se enfoca en la independencia, usted podría descubrir que aunque le enseñe a los niños la diferencia entre lo que es de ellos y lo que le pertenece a otros, sus familias podrían minimizar la idea de las pertenencias personales y enseñar incluso a sus hijos más pequeños a compartir todo. Los problemas surgen cuando un niño se lleva a casa un juguete pequeño y la familia considera que es un bien colectivo. El reconocer el significado de la conducta y la importancia que tiene este valor cultural para la familia le ayudará a responder a la situación con sensibilidad.

Las prácticas de salud

Los maestros de cuidado infantil asumen una responsabilidad enorme por la salud de los niños en su programa. Usted podría estar obligado por ley a cumplir con requisitos como las pruebas para detectar la tuberculosis, los exámenes médicos y las vacunas. Además, podría haber otras responsabilidades relacionadas con la higiene, la nutrición o las recomendaciones de tratamiento médico por alguna enfermedad. Algunos de estos requisitos y prácticas podrían resultar difíciles de entender o aceptar para familias de otras culturas.

Un ejemplo es la extracción de sangre. Esta práctica médica común es vista con desaprobación por muchas culturas. Si la ley exige que a un niño se le haga una prueba de sangre, se podría necesitar que el cabeza de familia varón dé su consentimiento. Además, los inmigrantes recién llegados podrían tener miedo de los hospitales y la profesión médica en general. A causa de esto, ellos podrían dudar en firmar una hoja que autorice que el programa llame para pedir una ambulancia en caso de emergencia.

Recuerde que a muchas personas que han llegado a los Estados Unidos en condición de refugiados se les efectuaron muchos exámenes físicos antes que se les permitiera ingresar al país. Las pruebas de tuberculosis que se exigen para la inscripción en un programa de cuidado infantil podrían ser positivas como resultado de procedimientos médicos anteriores y podrían no indicar la presencia de la enfermedad. Al trabajar con familias en estas situaciones, identifique los tipos, el grado y las fechas de pruebas que se efectuaron como parte del proceso migratorio.

Por último, algunas culturas cuentan con rituales o prácticas de salud alternativas para tratar las enfermedades. A algunos maestros de cuidado infantil, les podría parecer que estas costumbres ponen la vida del niño en peligro. Para dichas familias, éstas son una manera de conservar las tradiciones de su pasado. Ellas creen que sus prácticas funcionan y no confían en las prácticas médicas modernas. Es posible que se tengan que tomar las siguientes medidas para abordar situaciones en las que las familias y los maestros tienen puntos de vista distintos respecto a los asuntos médicos.

1. Converse con la familia acerca de sus ideas, preocupaciones y deseos respecto al asunto médico. Escuche sus puntos de vista con respeto y comprensión.

2. Manténgase abierto a las preocupaciones de la familia, pero hágale saber a la familia que el programa tiene ciertos requisitos que deben negociarse de manera conjunta.

3. Consulte a un profesional médico que provenga de la misma cultura que la familia para que le ayude a encontrar una solución aceptable para todas las partes.

4. Si fuera lo indicado, comuníquese con alguna organización de la comunidad para pedir apoyo.

En áreas con poblaciones grandes de inmigrantes y refugiados, las asociaciones familiares y las agencias de servicios sociales con frecuencia están a su disposición para ayudar a las familias recién llegadas durante la transición a su vida en los Estados Unidos. El tener conocimiento del trasfondo cultural de la familia le ayudará a resolver los asuntos médicos y a encontrar soluciones que sean aceptables para todas las partes involucradas: la familia, el programa y las agencias reguladoras pertinentes.

Las oportunidades para la diversidad

Independientemente de las diferencias que existan en cuanto a las costumbres y antecedentes culturales entre las familias y los miembros del personal del programa, usted puede identificar experiencias y valores compartidos. Si descubre preocupaciones, esperanzas y objetivos comunes, se fortalecerá su relación con las familias y apoyará las relaciones que establezcan las familias entre sí. Las relaciones sólidas entre los maestros y las familias, y entre las mismas familias, fortalecerán al programa y ayudarán a que los miembros del personal, las familias y los niños se sientan más cómodos.

Preguntas a considerar

1. ¿Cuáles son algunas maneras positivas de relacionarse con familias que sean distintas a usted?

2. Si una familia es de otra cultura y habla un idioma distinto al suyo, ¿hay alguien que pueda traducir información importante acerca del niño y del programa que le pueda ayudar a establecer una relación de confianza con la familia del niño?

3. ¿Cuáles son algunas maneras de aprender acerca de las culturas de las familias en su programa? ¿Manifiesta usted un auténtico interés por la cultura de cada familia?

4. ¿Cómo refleja el ambiente de cuidado infantil a las culturas de las familias en el programa?

5. ¿Es usted consciente de los diferentes valores culturales, estructuras familiares y prácticas de crianza infantil que afectan a los niños en el programa? ¿Cómo puede usted comunicar aceptación, respeto y una actitud abierta a las culturas y prácticas que son distintas a las suyas?

6. ¿Cómo puede usted llegar a darse cuenta de las maneras en que sus valores y prácticas culturales influyen a los niños en su programa?

Obras y materiales de consulta

Libros y artículos

Anderson, M. Parker. *Parent-Provider Partnerships: Families Matter*. Cambridge, MA: Harvard Family Research Project, 1998.

Fomenta el concepto del cuidado infantil centrado en la familia al abordar el desarrollo conjunto del niño y la familia. Describe principios de sistemas de apoyo a la familia que subrayan la fortaleza de la familia, la cultura y los recursos de la comunidad.

Bandtec Network for Diversity Training. *Reaching for Answers: A Workbook on Diversity in Early Childhood Education*. Oakland, CA: Bandtec Network for Diversity Training, 2003.

Este cuaderno de trabajo, basado en un marco teórico original, sirve de guía para explorar las ideas prácticas que los individuos, los capacitadores, los maestros y los administradores pueden llevar a la práctica en su trabajo.

Barrera, Isaura, y Robert M. Corso. *Skilled Dialogue: Strategies for Responding to Cultural Diversity in Early Childhood*. Baltimore, MD: Brookes Publishing, 2003.

Presenta un modelo de cómo "dialogar con habilidad" comprobado en condiciones de campo para la interacción respetuosa, recíproca y sensible que respeta las creencias y valores culturales. Los maestros de cuidado infantil mejorarán sus relaciones con los niños y las familias en su programa y podrán abordar mejor los objetivos del desarrollo y educativos. Ofrece a los lectores un modelo para alcanzar uno de sus retos principales: respetar las identidades diversas de los niños y las familias en su programa.

Bernhard, Judith K., y Janet Gonzalez-Mena. "The Cultural Context of Infant and Toddler Care". Publicado en *Infants and Toddlers in Out-of-Home Care* (pág. 237–267), editado por Debby Cryer y Thelma Harms. Baltimore, MD: Brookes Publishing, 2000.

Relaciona la creciente necesidad del cuidado infantil fuera del hogar con la importancia del cuidado infantil y las intervenciones a una edad temprana, que incluyan el contexto cultural del niño. Presenta una perspectiva basada en las investigaciones. Se consigue de: Children's Defense Fund (CDF), 25 E Street NW, Washington, DC 20001; teléfono 1-800-233-1200 (llamada gratuita). Las publicaciones del CDF incluyen un boletín mensual acerca de las leyes federales, un análisis anual del presupuesto federal y un catálogo de publicaciones gratuitas. El CDF ofrece educación acerca de las necesidades de los niños y aboga por ellas, especialmente de los niños de bajos ingresos, de grupo étnicos minoritarios y aquellos con discapacidades.

Comer, James P., y Alvin F. Poussaint. *Black Child Care: How to Bring Up a Healthy Black Child in America—A Guide to Emotional and Psychological Development*. Nueva York: Simon & Schuster, 1976.

Analiza preocupaciones comunes y ofrece consejos para ayudar a los niños a aprender maneras positivas de tratar con el racismo.

Derman-Sparks, L., y A.B.C. Task Force. *Anti-Bias Curriculum: Tools for Empowering Young Children*. Washington,

DC: National Association for the Education of Young Children, 1988.

Ofrece sugerencias acerca de cómo ayudar al personal y a los niños a respetarse mutuamente como individuos, trascendiendo y eliminando las barreras que se basen en la raza, el género o las discapacidades. Se consigue de: National Association for the Education of Young Children, 1313 L Street NW, Suite 500, Washington, DC 20005; teléfono 1-800-424-2460 (llamada gratuita).

Derman-Sparks, Louise, y Patricia Ramsey. *What if All the Children Are White? Anti-Bias Multicultural Education with Young Children and Families.* New York: Teachers College Press, 2006.

Educadores distinguidos abordan una pregunta que con frecuencia se hace respecto a la educación multicultual: ¿Cómo enseño acerca de la diversidad racial y cultural si todos mis alumnos son de raza blanca? Propone siete temas de aprendizaje para ayudar a los niños de raza blanca a resistir los mensajes de índole racista y fortalecer su identidad y sus aptitudes para prosperar en un mundo multicultural. Incluye estrategias, recursos y ejemplos para el salón, para poner en práctica los temas del aprendizaje en programas de cuidado de la primera infancia.

Diffily, Deborah, y Kathy Morrison, editoras. *Family-Friendly Communication for Early Childhood Programs.* Washington, DC: National Association for the Education of Young Children, 2005.

Ofrece 93 mensajes breves para los padres acerca de temas que varían desde los niños que muerden hasta la

lectoescritura. Los maestros pueden utilizar los mensajes para fortalecer la comunicación entre los programas y las familias y pueden adaptar los mensajes para su uso en boletines informativos, paquetes familiares, consultas con padres, tableros de avisos, volantes para los padres, etc. Incluye docenas de estrategias innovadoras para estimular y fomentar la participación de los padres en su programa.

Duffy, Roslyn, et al. "Parent Conferences: Beginnings Workshop." *Child Care Information Exchange* 116 (julio/agosto 1997): pág. 39–58.

Presenta seis sesiones de taller acerca de las conferencias con las familias. El capítulo 3 se enfoca en las reuniones con padres y bebés. El capítulo 6 aborda la manera de colaborar con las familias que no hablan inglés.

Gonzalez-Mena, Janet. *Multicultural Issues in Child Care, 3a edición.* Mountain View, CA: McGraw-Hill Higher Education, 2000.

Esta publicación se centra en el respeto hacia el pluralismo cultural con la intención de aumentar la sensibilidad del cuidador infantil respecto a las diferentes prácticas y valores culturales. Se remite a abundantes estudios de investigación.

———. "Resolving Disagreements." *Coordinate* (1992): pág. 12–14.

Presenta estrategias para resolver los conflictos culturales por medio de la comprensión y la negociación, la educación de los cuidadores infantiles, la educación de los padres y el control de los conflictos.

———. "Taking a Culturally Sensitive Approach in Infant/Toddler Programs." *Young Children* 47 (enero 1992): pág. 4–9.

Contiene sugerencias para los cuidadores infantiles acerca de cómo mejorar su sensibilidad respecto a las diferencias culturales e individuales y cómo mejorar la comunicación. Incluye estrategias sobre cómo lograr tener claros los valores y objetivos de uno, y recurrir a la resolución de problemas en lugar de un método de fuerza ("power approach") para resolver los conflictos.

———. "Working with Cultural Differences: Individualism and Collectivism— The First Years Ngä Tau Tautahi." *New Zealand Journal of Infant and Toddler Education* 1 (2002): pág. 13–15.

Analiza diferentes perspectivas culturales respecto al desarrollo temprano de la identidad en relación con las demás personas. ¿Debe hacerse énfasis en el desarrollo de la identidad como individuo independiente o como miembro de un grupo? Las prácticas de cuidado infantil eficaces se adaptan al énfasis que las familias le dan a la independencia comparada con la pertenencia al grupo.

Gonzalez-Mena, Janet, y Dianne W. Eyer. *Infants, Toddlers, and Caregivers: A Curriculum of Respectful, Responsive Care and Education, 8a. edición.* Nueva York: McGraw-Hill Companies, 2008.

Al combinar una filosofía centrada en el niño con estrategias de resolución de problemas y una discusión a fondo acerca de la diversidad, esta obra ofrece una introducción al currículo y al cuidado de los niños de cero a tres años. La obra se basa en una combinación de las filosofías de Magda Gerber y de su colega, Emmi Pikler.

Gonzalez-Mena, Janet, y Nava Peshotan Bhavnagri. "Cultural Differences in Sleeping Practices: Helping Early Childhood Educators Understand." *Child Care Information Exchange* 138 (marzo/abril 2001): pág. 91–93.

Se enfoca en las maneras en que los maestros de cuidado infantil pueden proporcionar un cuidado infantil adecuado en términos del desarrollo y la cultura. Aborda el papel de los valores, las creencias, las prioridades y los objetivos culturales y la importancia de la comunicación entre los maestros de cuidado infantil y los padres.

———. "Diversity and Infant/Toddler Caregiving." *Young Children* 55 (septiembre 2000): pág. 31–35.

Sugiere un diálogo reflexivo para aprender cuáles son los orígenes culturales de las prácticas de una familia, con el objetivo de encontrar soluciones creativas que satisfagan a los cuidadores y a las familias. Incluye ejemplos y preguntas.

Greenfield, Patricia M., Blanca Quiroz, Carrie Rothstein-Fisch, y Elise Trumbull. *Bridging Cultures Between Home and School: A Guide for Teachers*. Mahwah, NJ: Lawrence Erlbaum, 2001.

Ayuda a los maestros a entender las normas tanto de la cultura dominante en las escuelas como de las culturas diversas de sus alumnos. Proporciona un marco para el aprendizaje acerca de la cultura y presenta estrategias diseñadas por los maestros para hacer más eficaces los salones, especialmente para los alumnos inmigrantes de origen latino.

Grieshaber, Susan, y Gaile Sloan Cannella. *Embracing Identities in Early Childhood Education*. Nueva York: Teachers College Press, 2001.

Esta publicación se inspira en el trabajo de los maestros de la primera infancia y los capacitadores de maestros y proporciona ejemplos de maneras creativas en que los maestros de cuidado infantil reflexionan acerca de su trabajo. Los autores se remontan a los principios de igualdad, diferencia y el reconocimiento de la diversidad racial, étnica y sexual para abordar temas como la igualdad al observar a los niños pequeños, las identidades de género en los primeros años de vida y la colaboración con las familias no siguen un patrón tradicional.

Lynch, Eleanor W., y Marci J. Hanson. *A Guide for Working with Children and Their Families: Developing Cross-Cultural Competence, 2a. edición*. Baltimore, MD: Brookes Publishing, 1998.

Ofrece consejos prácticos para el trabajo con los niños y las familias con antecedentes culturales distintos. Incluye ejemplos y apéndices útiles que explican los saludos, las costumbres, los acontecimientos, las prácticas y el vocabulario de culturas diversas. Se consigue del National Black Child Development Institute (NBCDI), 1313 L Street NW, Suite 110, Washington, DC 20005; teléfono 202-833-2220. Las publicaciones de NBCDI incluyen un boletín y calendario que destaca los temas y fechas históricas importantes que están asociadas con el desarrollo de los niños afroamericanos.

Mangione, Peter L., ed. *Infant/Toddler Caregiving: A Guide to Culturally Sensitive Care*. Sacramento, CA: California Department of Education, 1995.

Una guía para ayudar a los proveedores de cuidado infantil a (1) mejorar su comprensión de sí mismos y descubrir cómo les influyen sus creencias culturales; (2) mejorar su comprensión de los niños y las familias en sus programas; y (3) aprender a identificarse con los temas culturales y, por lo tanto, convertirse en cuidadores más eficaces.

Marshall, Hermine H. "Cultural Influences on the Development of Self-Concept." *Young Children* 6 (2001): pág. 19–22.

Aborda los temas relacionados con el desarrollo del concepto de sí mismo en el contexto de una comprensión más sofisticada de las influencias culturales. Analiza la formación de la imagen de uno mismo como persona independiente o interdependiente y evalúa el impacto de la imagen de uno mismo en el desarrollo y la socialización. Sugiere maneras en que los profesionales de la primera infancia pueden aumentar su sensibilidad respecto a los valores y prácticas de las familias de los niños en sus programas.

McLoyd, Vonnie C., Nancy E. Hill, y Kenneth A. Dodge, editores. *African American Family Life: Ecological and Cultural Diversity*. Nueva York: Guilford Press, 2005.

Ofrece nuevas perspectivas acerca de los contextos culturales, económicos y comunitarios de la vida familiar de los afroamericanos. Por medio del reconocimiento de la diversidad de las familias afroamericanas contemporáneas, los especialistas más destacados en distintas disciplinas presentan sus más recientes conocimientos sobre temas como la integración de la familia, los papeles de género, la crianza infantil, el cuidado de las personas mayores y las prácticas religiosas. Se dedica atención especial a la manera en que las familias se inspiran en los recursos culturales para adaptarse a las diferencias raciales que existen en cuanto a la riqueza, la vivienda, la educación y el empleo y cómo la cultura toma ciertas formas debido a estas circunstancias. Explora factores que fomentan o impiden el desarrollo saludable y aborda las prácticas sustentadas en las investigaciones y las pautas para apoyar las fortalezas, habilidades y logros de las familias.

Morrison, Johnetta Wade, y Tashel Bordere. "Supporting Bi-Racial Children's Identity Development." *Childhood Education* 3 (2001): pág. 134–138.

Aborda las etapas del desarrollo de la identidad en la primera infancia y las maneras en que los maestros pueden apoyar ese desarrollo. Analiza los componentes del desarrollo de la identidad en los niños pequeños, las preferencias de los padres, la valoración de la diversidad y las recomendaciones respecto al currículo. Ofrece sugerencias adecuadas para los niños de cualquier combinación racial.

Powers, Julie. *Parent-Friendly Early Learning: Tips and Strategies for Working Well with Parents*. St. Paul, MN: Redleaf Press, 2005.

Un recurso para los maestros de cuidado infantil que buscan establecer relaciones positivas con los padres de los niños pequeños. Aborda los desafíos específicos de la colaboración con los padres, incluyendo la mejora de las comunicaciones entre padres y maestros, el desarrollo y cumplimiento de las pautas y las conversaciones acerca del desarrollo infantil. Contiene ejemplos de experiencias de la vida real de maestros de la primera infancia.

Rogoff, Barbara. *The Cultural Nature of Human Development*. Nueva York: Oxford University Press, 2003.

Identifica patrones de las diferencias y similitudes entre las comunidades culturales, como las oportunidades de los niños para participar en actividades comunitarias centradas en los niños o en los adultos. Analiza aspectos del desarrollo desde una perspectiva cultural: la crianza infantil, las relaciones sociales, la interdependencia y la autonomía, las transiciones del desarrollo a lo largo de la vida, los papeles de género, el apego y el aprendizaje y el desarrollo cognitivo.

Small, Meredith. *Our Babies, Ourselves: How Biology and Culture Shape the Way We Parent*. Nueva York: Anchor Books, 1998.

Explora la etno-pediatría, una ciencia interdisciplinaria que combina la antropología, la pediatría y las investigaciones en torno al desarrollo infantil para analizar cómo las prácticas de crianza infantil entre culturas afectan a la salud y la sobrevivencia de los bebés. Describe estilos de crianza de varias culturas, incluyendo (pero sin limitarse a) la tribu nomádica Ache de Paraguay, la sociedad agraria ¡Kung San del desierto Kalahari en África y la sociedad estadounidense.

Sturm, Connie. "Creating Parent-Teacher Dialogue: Intercultural Communication in Child Care." *Young Children* 52 (julio 1997): pág. 34–38.

Destaca el Proyecto de Diálogo entre Padres y Maestros del Área de la Bahía (Parent–Teacher Dialogue Project of the San Francisco Bay Area) para alentar el diálogo abierto entre padres y cuidadores infantiles.

Materiales audiovisuales

Conversations for Three: Communicating with Interpreters. VHS, 60 minutos; incluye un folleto de 32 páginas. Baltimore, MD: Brookes Publishing.

Presenta situaciones que muestran cómo los errores en la interpretación y la falta de conocimiento acerca de las diferencias culturales con frecuencia resultan en comunicaciones ineficaces.

El folleto que sirve para alentar el diálogo proporciona objetivos, conceptos clave, preguntas y actividades.

Culturally Diverse Families. Video, 28 minutos. Nueva York: Young Adult Institute, 1987.

Tres profesionales abordan métodos que ayudan a sensibilizar a los cuidadores que colaboran con familias culturalmente diversas. Incluye guías de capacitación para el instructor y el personal. Se consigue de YAI Network, 460 West 34th Street, Nueva York, NY 10001; teléfono 212-273-6100.

Relaciones indispensables: diez pautas para un cuidado infantil culturalmente sensible. DVD, 36 minutos; incluye un folleto. Sacramento: Departamento de Educación de California.

Explora el significado de la cultura en las vidas de los niños pequeños y el papel de la cultura en el desarrollo del sentido de autoestima de un niño. Destaca la importancia de proporcionar continuidad cultural en el cuidado infantil y de aprender acerca de la familia y la cultura de cada niño. Se puede obtener en inglés y en español.

Quinta sección:
Cómo escuchar y responder a las familias

Hay muchos tipos de familias que necesitan cuidado infantil y tienen una amplia gama de estilos de vida y circunstancias. Éstas incluyen a las familias encabezadas por madres o padres solteros que trabajan, las familias con uno o dos padres que son estudiantes universitarios, los padres jóvenes que

viven de manera independiente o con otros miembros de la familia, las familias sin hogar, las familias con miembros que tienen alguna discapacidad, las familias migrantes, las familias combinadas, las familias con dos carreras, los padres divorciados que comparten la tutela y la crianza, y las familias con estilos de vida diversos. Además, algunas familias podrían haber llegado recientemente de otros países y podrían hablar poco inglés.

Los maestros de cuidado infantil también trabajan con una cantidad, cada vez mayor de niños que corren el riesgo de sufrir descuido o maltrato infantil, de estar enfermos o de vivir en pobreza extrema. Muchas familias experimentan el hambre de manera continua o son afectadas por la drogadicción o el SIDA. Sin importar cuál sea la situación de la familia, los maestros de cuidado infantil necesitan entender las prácticas de crianza y expectativas sobre el cuidado infantil particulares de cada familia. El estar abierto y ser sensible a las preferencias y preocupaciones de cada familia en el programa es muy importante para el maestro de cuidado infantil.

El escuchar activamente

Debido a que los maestros de cuidado infantil trabajan con tantas familias diferentes, la comunicación clara y bidireccional es esencial. Esto requiere cierta habilidad y, en ocasiones, la reflexión. Una técnica comprobada para escuchar y responder a las familias se llama escuchar activamente. El escuchar activamente significa prestar atención especial a los mensajes de la familia, tanto verbales como no verbales.

Aunque estos mensajes no siempre se comunican directamente, ofrecen información valiosa que requiere de respuestas sensibles, sinceras y precisas. A continuación se mencionan algunas estrategias para escuchar activamente.

Cómo interpretar el lenguaje corporal

Interpretar el lenguaje corporal es una parte importante de escuchar activamente y le puede ayudar a ser más consciente de los verdaderos sentimientos de un miembro de una familia. La siguiente situación es un ejemplo de la comunicación entre el maestro y la familia que podría haber mejorado si el maestro de cuidado infantil hubiese utilizado la estrategia de interpretar el lenguaje corporal:

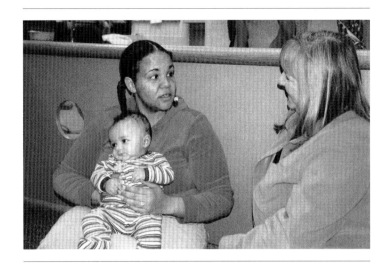

Roberto es un niño en el programa de cuidado infantil. Su madre de hogar temporal llega al final del día para recoger a Roberto y tiene una conversación con Rosanne, la maestra de cuidado infantil.

ROSANNE: Roberto parece más inquieto e irritable de lo usual el día de hoy. ¿Cree usted que se estará enfermando?

MADRE: Él con frecuencia actúa de esa manera al final de día. ¿Es ésta la ropa de Roberto? Tengo que apurarme o se nos va el autobús. Tengo que ir por mis otros hijos.

Después de tomar el autobús, recoger a sus dos hijos de hogar temporal, comprar víveres y preparar la cena para la familia, la madre de Roberto probablemente le sintió la frente y se dio cuenta que estaba caliente. Ella pensó: ¿Por qué no me dijo Rosanne que Roberto estaba enfermo?

Rosanne era consciente de que la madre de Roberto no había asimilado ni reconocido por completo la pregunta que le hizo acerca de la salud de Roberto, pero para cuando ella se dio se cuenta que necesitaba decir algo más, la madre de Roberto había salido corriendo por la puerta. Si Rosanne hubiese notado el lenguaje corporal de la madre, ella estaba frunciendo el ceño y se movía con rapidez se habría dado cuenta que la madre de Roberto tenía prisa y que se quería ir del centro lo más pronto posible. Rosanne podría haber evaluado la situación con rapidez y haber dicho, "Tengo algo importante que decirle acerca de Roberto. Creo que a lo mejor se está enfermando. Estaba muy inquieto, irritable y cansado el día de hoy". La madre apresurada probablemente habría escuchado las palabras "algo importante" y "se está enfermando" y habría puesto más atención a las preocupaciones de Rosanne.

El uso de frases que ayudan a iniciar las conversaciones

Mientras más hablen los miembros de la familia, más puede usted aprender acerca de ellos y sus hijos. Los miembros de la familia estarán más dispuestos a hablar si el maestro de cuidado infantil muestra un auténtico interés en lo que tengan que decirle. Por lo contrario, los miembros de la familia estarán menos dispuestos a hablar si piensan que el maestro responderá con un discurso o con consejos que no le han pedido.

A veces es útil recurrir a frases que ayuden a iniciar la conversación y alentar a los miembros de la familia a expresarse. Estas expresiones invitarán a los miembros de las familias a compartir sus ideas y sentimientos o a mostrar interés en lo que está diciendo un miembro de la familia. He aquí algunos ejemplos de estos tipos de frases iniciales.

1. "Me interesaría escuchar su opinión".

2. "¡Interesante!"

3. "Me da la impresión que usted quiere decir algo al respecto".

4. "Me he fijado que usted . . ."

5. "¿Quisiera usted hablar acerca de eso?"

6. "Por favor, cuénteme más".

Las frases como las anteriormente mencionadas alientan a los miembros de la familia a dar detalles y seguir hablando. Las frases como estas son especialmente eficaces cuando usted y los miembros de la familia están apenas llegando a conocerse unos a otros. Las familias perciben que usted realmente quiere saber lo que ellas piensan. Las frases iniciales dan garantías a los miembros de la familia que pueden hablar con confianza sin que el maestro de cuidado infantil les enseñe, aconseje o dé discursos.

Repetir lo que escucha

Al repetir con palabras distintas lo que haya escuchado decir al miembro de la familia, usted puede poner a prueba sus propias habilidades para escuchar y también asegurar a la persona que ha escuchado su mensaje. Esta técnica es especialmente eficaz al tratar con los temas potencialmente controversiales o sensibles. En el siguiente ejemplo, un maestro de cuidado infantil repite lo que oye, lo cual le da suficiente tiempo para ofrecer una respuesta que toma en cuenta a las preocupaciones del padre.

PADRE: Quisiera que los niños tuvieran algunos juguetes más grandes, como camiones y autobuses de madera.

MAESTRO DE CUIDADO INFANTIL: ¿Siente usted que los niños necesitan juguetes con ruedas más grandes?

PADRE: Sí, así es. Creo que los niños necesitan poder sentarse encima de los juguetes de madera con ruedas y poderlos jalar y empujar. El plástico no les da la misma sensación de seguridad.

MAESTRO DE CUIDADO INFAN-

TIL: ¿Sugiere usted que compremos unos juguetes de madera con ruedas que sean lo suficientemente grandes como para que los bebés mayorcitos los monten?

PADRE: Sí, así es.

Mientras continuaba la conversación, el padre se abría cada vez más y daba detalles acerca de lo que quería. El maestro de cuidado infantil pudo pensar en cómo satisfacer las preocupaciones del padre mientras escuchaba sin discutir ni interponer sus propias opiniones. El maestro se cuidaba de no actuar de manera defensiva.

MAESTRO DE CUIDADO INFANTIL: Quizás pudiéramos organizar una actividad para recaudar fondos específicamente para estos tipos de juguetes rodantes. ¿Piensa usted que podría ayudar?

Al sugerir una medida que podría satisfacer las preocupaciones del padre, el maestro de cuidado infantil reconocía que las preocupaciones del padre eran válidas. El padre acordó ayudar con la actividad para recaudar fondos y comenzó a hacer planes con las demás familias. La próxima vez que tuvo una preocupación, se sintió más tranquilo y abierto al hablar acerca de ella porque sabía que el maestro de cuidado infantil le escucharía y respondería de manera respetuosa.

El respeto a la confidencialidad

Aunque no se espera que los maestros de cuidado infantil den consejos a los padres o miembros de las familias, ellos con frecuencia se encuentran en la situación de tener que escuchar a las familias de forma comprensiva. Los miembros de la familia podrían compartir preocupaciones muy personales con usted, confiando en que usted entiende su necesidad de que se mantenga la confidencialidad. No siempre es fácil saber qué información debe o no ser compartida con los compañeros de trabajo. La información delicada debe compartirse únicamente con aquellas personas para quienes es importante conocerla para poder cuidar al niño o colaborar con la familia. El poder juzgar lo que se debe compartir o mantener confidencial es una de las muchas habilidades que necesita tener un maestro de cuidado infantil.

El conocimiento de sí mismo al relacionarse con los demás

A lo largo de la vida, las personas acumulan sentimientos y actitudes que adquirieron durante la infancia, muchas de las cuales están vinculadas con las culturas de las familias. Como todos, cada maestro de cuidado infantil tiene una perspectiva, una serie de preferencias, un estado de salud y un historial familiar muy particulares, y los sentimientos y las experiencias del maestro tienen un impacto fuerte en su conducta. Por ejemplo, es más probable que una persona que recibió apoyo y aceptación de niño proporcione aceptación y apoyo a un niño de cero a tres años. Por otro lado, alguien cuya infancia no fue feliz, sufrió privaciones o vivió circunstancias muy duras, podría tender a descuidar, rechazar o disciplinar duramente a un niño.

Su propia infancia, también, ha influido en su manera de pensar y de comportase. Para responder con sensibilidad a cada familia, descubra cómo afectan sus sentimientos, valores y creencias personales la manera en que usted cuida a los niños de cero a tres años. Considere su propia infancia:

1. ¿Cómo era usted, cómo se sentía y cómo le trataron cuando era un niño pequeño?

2. ¿Cómo era su familia y cómo fueron las relaciones con sus padres, hermanos y hermanas?

3. ¿Experimentó alguna crisis, enfermedad, divorcio, muerte o mudanza a un lugar nuevo, que provocaron un estrés excesivo, en usted o en su familia?

4. ¿Cómo se siente ahora acerca de su infancia?

Trate de acordarse de sus primeros recuerdos y pregunte a los miembros de su familia, que son mayores, cómo era usted. Esta información le puede ayudar a entender las actitudes y sentimientos que afectan la manera en que cuida a los niños. Usted podría descubrir que tiene una afinidad particular por ciertos tipos de niños de cero a tres años en su programa. Por ejemplo, un niño podría recordarle a un hermano o hermana menor, o incluso a cómo era usted mismo de niño. También, usted podría llegar a darse cuenta que tenía sentimientos negativos hacia algún padre porque le recuerda a una persona que le caía mal de niño.

Una manera de entender cómo su infancia influye en la manera en que se relaciona con los bebés y sus familias es anotar las cosas que sigue resintiendo de su infancia, o de las que aún se arrepiente. Usted descubrirá que estos casi siempre son temas que nunca se resolvieron y que lleva consigo hasta la fecha. Como estos temas no se han resuelto, pueden provocar que usted les dé demasiado énfasis en las relaciones que mantiene con las familias.

Comparta con los miembros de la familia el lado alegre del trabajo de enseñar y cuidar a los niños pequeños.

A continuación, considere sus actitudes presentes. Reflexione acerca de sus sentimientos y preferencias actuales. En concreto, dedique tiempo a pensar, escribir y hablar con compañeros del trabajo o amistades acerca de estos dos temas:

• Sus sentimientos acerca de sí mismo como maestro de cuidado infantil

• Las cosas que le gustan y no le gustan en la vida

El tener conocimiento y ser consciente de sus sentimientos y preferencias y de cómo su pasado le influye, le puede ayudar a entender y simpatizar mejor con las familias en su programa. Por ejemplo, usted podría tener la oportunidad de decirle a un padre que usted sabe cómo se siente acerca de un problema determinado porque su familia propia experimentó dificultades semejantes cuando usted era niño. Esta experiencia común podría servir de base para establecer una conexión entre usted y ese padre. El conocimiento de sus actitudes actuales también le puede ayudar a tratar los sentimientos que tenga acerca de ser un maestro de cuidado infantil.

La aceptación de su papel como maestro de cuidado infantil

El cuidado de los niños de cero a tres años conlleva recompensas intrínsecas, incluyendo la encantadora compañía de los niños pequeños, la compañía de los compañeros de trabajo y la amistad y profundo agradecimiento de los miembros de la familia que saben que su bebé tierno o mayorcito está recibiendo cuidado de un profesional capacitado y dedicado a su trabajo. Sin embargo, el trabajo incluye labores que a veces se consideran insignificantes, como cambiar pañales o recoger después de las comidas. De vez en cuando, los maestros se pueden

sentir sensibles acerca de su condición, especialmente si trabajan con familias de mayor nivel económico o que no parezcan valorar el trabajo y los conocimientos de un maestro. La sensibilidad acerca de cómo los proveedores de cuidado infantil a veces no son valorados puede interferir con la capacidad del maestro de ser compasivo y comprensivo con las familias y los niños. Otros aspectos del cuidado infantil que pueden provocar incomodidad a un maestro son el nivel de ruido, el estrés emocional asociado con responsabilidades considerables, la baja remuneración y la falta de beneficios laborales, además de la sensación de que el trabajo nunca se acaba. A veces es difícil evitar el sentirse enojado, explotado o exhausto. En estas circunstancias, el conservar la buena voluntad y la energía para sostener relacionas cariñosas con las familias puede ser difícil.

A continuación hay algunas sugerencias para tratar las exigencias de tiempo, de energía y emocionales:

- Conozca sus limitaciones y deje claro cuáles son esas limitaciones a las familias. Esto puede ayudar a suavizar situaciones en las que usted sienta que está dando más de lo que es capaz de dar.

- Sepa cuándo dejar de preocuparse de un niño o de una familia. El preocuparse demasiado acerca de los temas relacionados con su trabajo provoca el desgaste y puede disminuir su capacidad de ser eficaz.

- Exprese sus preocupaciones a los miembros de la familia con tacto pero de manera directa.

Para tratar con su sensibilidad respecto a su baja condición profesional, tome las siguientes medidas:

- Únase a otras personas, incluyendo a los miembros de las familias y los miembros del personal con preocupaciones, para abogar por un mejor financiamiento de los programas de cuidado infantil.

- Conserve el sentido del humor y una perspectiva saludable.

- Recuerde cuánto se benefician de su cuidado los niños y las familias.

Al igual que con cualquier esfuerzo, los maestros de cuidado infantil deben aprender a aceptar un éxito parcial. Ni

Evite hacer suposiciones acerca de las personas basándose en su apariencia externa, su nombre, su manera de hablar o de dónde provienen. El formar estereotipos de las personas puede provocar actitudes erróneas y conducta inadecuada, lo cual puede impedir que usted llegue a conocer quiénes son realmente las personas.

usted ni las familias de los niños en su programa pueden ser perfectos. El tener una amistad con quien hablar puede ser un desahogo indispensable para el intenso trabajo de cuidar y enseñar a los niños. El hablar con una amistad también puede darle otra perspectiva acerca de las muchas decisiones que tiene que tomar como maestro de cuidado infantil.

Sepa qué cosas le gustan y le disgustan

Todo el mundo desarrolla ciertas preferencias y aversiones a lo largo de su vida. A veces, las preferencias cambian. Por ejemplo, a los niños con frecuencia les disgustan ciertos alimentos que aprenderán a disfrutar más adelante. Otras cosas que nos gustan o disgustan no cambian a lo largo de nuestras vidas. Las aversiones que uno siente durante toda su vida pueden haber sido provocadas por experiencias negativas a principios de la vida, como cuando a una persona le disgusta una verdura que le obligaron a comer de niño o por experiencias positivas a principios de la vida, como una mujer a quien le encanta el rosa porque le recuerda los vestidos de una tía muy querida. Comparta con los miembros de las familias los intereses, las preferencias y

las conexiones que tiene fuera de su vida profesional. Cuando usted encuentra que tiene intereses en común con las familias, esto podría hacer que disfrute más su trabajo y también ayudará a fortalecer la confianza y las relaciones de colaboración que fomentan el bienestar de los niños, de las familias y de usted también.

El compartir las cosas que le gustan y le disgustan con los miembros de las familias, incluso aquellas que le parezcan insignificantes, puede añadir un poco de humor al ambiente de cuidado infantil. Supongamos que de niño a usted le obligaban a comer chícharos (guisantes) aunque no le gustaban y usted comparte esta historia con los miembros de la familia de su programa. A la hora de la comida, el abuelo visita a su nieto en el programa de cuidado infantil. El abuelo ve que usted está sirviendo chicharos a los niños, aunque él sabe de su historia que a usted no le gustan. Él también sabe que usted es demasiado profesional como para divulgar lo que realmente piensa acerca de los chícharos. Ustedes dos levantan una ceja o intercambian otra señal sutil para reírse juntos mientras usted sirve con alegría y entusiasmo los chícharos a los niños.

Cómo tratar con los prejuicios

Lo que esperamos de las situaciones y de las personas generalmente se basa en lo que hemos aprendido en el pasado. Ya sea que nuestras expectativas provengan de nuestras experiencias personales, los libros y películas o las opiniones de parientes o amistades. Es normal prejuzgar las experiencias nuevas basándose en las experiencias del pasado.

Los problemas surgen cuando las actitudes u opiniones preconcebidas interfieren con nuestra percepción de la realidad. Si los prejuicios impiden que veamos a ciertas personas como ellas son realmente, entonces es posible que tratemos a esas personas de forma indebida. Por ejemplo, podríamos creer que a las niñas no les gusta jugar con camioncitos y, por consiguiente, quizá no nos demos cuenta de que una bebé mayorcita está mirando con ganas al camioncito con el que está jugando el niño.

El primer paso para tratar con los prejuicios es ser honesto con uno mismo. Esté abierto a la posibilidad de poder tener estándares y expectativas que, cuando no están presentes, afectan sus sentimientos acerca de las personas. Por ejemplo, si usted no es capaz de admitir que juzga a las personas que utilizan malas palabras, no podrá analizar ni encontrar la manera adecuada de tratar con sus propios sentimientos.

Las personas que niegan tener prejuicios con frecuencia dan la impresión de no ser sinceros. Por ejemplo, el tío de Tyler utiliza malas palabras. Aunque usted no exprese su desaprobación directamente, él parece percibirla sin saber qué la provoca. Él le evade y podría suponer que él no le cae bien a usted, o que lo está prejuzgando por algún motivo, quizás a causa de su origen étnico o género. Un primer paso para establecer una mejor relación con el tío de Tyler es reconocer la causa de su incomodidad. Al admitirla, usted será más capaz de tomar una decisión consciente acerca de cómo relacionarse con el tío de Tyler, y será menos probable que revele indirectamente sus sentimientos. Aunque le siga costando trabajo tolerar las malas palabras del tío, es posible que se dé cuenta que su aversión se limita a un solo aspecto de su conducta, y que esté más dispuesto a apreciar sus otras cualidades. Recuerde que usted tiene intereses en común con el tío de Tyler y con cada persona en el programa: sobre todo, la preocupación que comparten por los niños y sus familias.

Cómo tratar con las diferencias

Las diferencias en los estilos de vida exigen que el maestro de cuidado infantil tenga una actitud abierta. Sea flexible y esté dispuesto a adaptarse siempre que pueda para que las familias vean que usted toma sus deseos en serio. Cuando usted llegue a conocer bien a las familias, usted llegará a conocer sus preferencias respecto a los estilos de vida que reflejan sus valores principales. Hable con las familias acerca de por qué hacen ciertas cosas, como utilizar pañales de tela, proporcionar ciertos tipos de alimentos, vestir a los niños con cierta ropa y guiar el comportamiento de los niños de ciertas maneras. El obtener información de ese tipo le ayudará a decidir la mejor manera de satisfacer las necesidades tanto de cada familia como de usted.

Un ejemplo de las diferencias

Los padres o miembros de la familia posiblemente no quieran que sus bebés mayorcitos pinten con los dedos debido a que se podrían manchar de pintura la ropa. Estos miembros de la familia necesitan tener la oportunidad de expresar plenamente sus puntos de vista y que se les respeten sus preocupaciones. En algún momento, el maestro de cuidado infantil podría compartir conocimientos acerca del valor que tiene el juego sensorial y creativo aunque puede ensuciar o causar desorden, pero sólo si los miembros de la familia parecen estar interesados en el tema.

Otro ejemplo es que usted podría tener ciertos puntos de vista acerca de cómo organizar la hora de la comida que sea distintos a los de las familias que son vegetarianas o que tienen otras restricciones alimenticias, pero el trabajo de usted es alimentar al niño de acuerdo a los deseos de cada familia. De manera semejante, los bebés que están acostumbrados a que los tengan en brazos la mayor parte del tiempo o que se les alimente con frecuencia podrían requerir gran parte de su tiempo, y es posible que usted crea que sería mejor si los trataran de manera distinta. Sin embargo, debe respetar los estilos de vida de las familias y, cuando sea posible, el programa debe adaptarse a las preferencias de la familia.

Imagine que un padre joven le dice a un maestro de cuidado infantil: "Creo que a algunos maestros les gusta que los niños usen pañales porque no quieren molestarse con enseñarles a usar el baño. No quiero que mi hijo siga usando pañales al cabo de este año, cuando cumpla los tres años".

Este padre quiere que se le enseñe a su hijo a usar el baño, pero no parece estar seguro de que sus preocupaciones se tomen en serio. El maestro de cuidado infantil escucha con atención y oye claramente el mensaje del padre. Luego, el maestro de cuidado infantil le da seguimiento a los comentarios del padre. Los dos se reúnen para intercambiar ideas y crear un plan para cooperar para que el niño aprenda a usar el baño, el cual incluye el compromiso del maestro de observar con atención para detectar si el niño mues-

tra las señales de estar listo. El maestro también menciona que a veces el niño puede tardar hasta los tres años de edad en estar listo para aprender a usar el baño.

Cómo tratar con las diferencias con sensibilidad

A veces, las personas a quienes les cuesta más trabajo aceptar a los maestros de cuidado infantil son aquellas a quienes les cuesta más cuidar de su propia familia. A veces uno se siente perplejo o incómodo por la manera en que una familia hace las cosas. Aunque generalmente es más fácil relacionarse con una persona cuyo estilo de vida sea semejante al propio, los maestros necesitan desarrollar y mantener relaciones cordiales con todas las familias en sus programas. Cuando uno observa valores y conductas diversas con interés y valora la variedad, en lugar de ver la existencia de otros valores como si fuera un problema, puede crear oportunidades para mejorar sus relaciones con las familias cuyos estilos de vida son distintos a los suyos.

He aquí algunas cosas que puede hacer cuando sus puntos de vista y preferencias sean diferentes a los de una familia:

- Busque temas de interés común acerca de los cuales hablar.
- Pida a los miembros de la familia que le hablen más acerca de su manera de hacer las cosas.
- Exprese su interés por el niño de ésa familia y mencione cuánto lo disfruta.
- Antes de hablar acerca de alguna situación que le preocupa con los miembros de la familia, piense y hable acerca de sus sentimientos y preocupaciones con sus compañeros de trabajo o amistades.
- Hable con tacto, pero de manera directa, acerca de lo que le preocupa de cómo la familia hace las cosas y colabore con la familia para negociar soluciones.

A continuación aparece un ejemplo de cómo podría interactuar con una madre cuyo estilo de vida y filosofía del cuidado infantil es distinta a la suya:

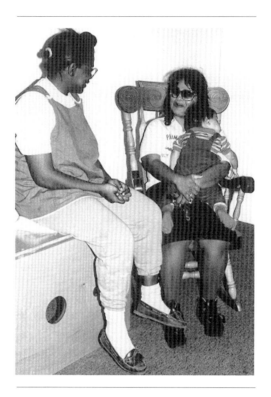

De niña, Carmen recibía poco cariño de su madre y, por consiguiente, a ella le costaba trabajo demostrar cariño por su bebé recién nacida, Elisa, a pesar de que le habían dicho a Carmen que el cuidado cariñoso es uno de los factores más importantes en el desarrollo de un bebé. Carmen dice cosas como, "Yo no levanto a Elisa cuando llora porque eso la va a volver caprichosa. Yo aprendí de mi mamá que llorar no servía de nada. No quiero que Elisa sea una llorona". Carmen también ha hablado acerca de pegarle a su bebé mayorcito, Tomás: "Bueno, mi padre me pegaba cuando yo me portaba mal, y yo salí bien. Yo le pego a Tomás para que sepa distinguir entre lo bueno y lo malo".

En lugar de darle consejos o un discurso a la madre, diciéndole: "Usted debería cargar en brazos más a Elisa", usted podría concentrarse primero en escuchar con atención a Carmen y dejarla que observe la conducta cariñosa que usted demuestra con Elisa y con los demás bebés. Usted también podría mencionar cuanto disfruta cuando tiene en brazos o en su regazo a los bebés. En otra ocasión, usted podría mencionar que le hace sentir incomodo cuando escucha llorar a los bebés y podría aprovechar otra oportunidad para añadir que la necesidad de los bebés de que los carguen disminuirá a medida que vayan creciendo.

Si Carmen hace preguntas o parece estar interesada, usted podría hablarle acerca de las investigaciones que vinculan el cuidado sensible de la madre con el alto rendimiento de los niños, a los cuatro años, al efectuar diferentes tareas.* Usted

*M. H. Bornstein y H. G. Bornstein. "La respuesta sensible de los cuidadores y el desarrollo cognitivo de los niños de cero a tres años: teoría e investigación". En *El cuidado del niño de cero a tres años en grupo: Una guía para el desarrollo cognitivo y el aprendizaje*. Sacramento, CA: Departamento de Educación de California, 2006, pág. 13.

también podría ofrecerle una hoja informativa o artículo para leer, que a ella le pudiera interesar. Por lo general, es mejor no abordar el tema directamente, sino seguir fortaleciendo una relación de confianza con la familia, a la vez que se modelan las interacciones adecuadas entre maestro y niño. Los miembros de la familia estarán más dispuestos a escuchar sus comentarios si se ha establecido un nivel adecuado de confianza y comprensión mutua.

Antes de hablar con los miembros de la familia acerca del cuidado del niño, considere las siguientes sugerencias:

- Preste atención a su tono de voz, así como a sus palabras. Las palabras que se escogen con cuidado pero que se expresan con tono de desaprobación harán que una persona pierda el interés de una forma parecida a cuando se hacen comentarios sin tacto.
- Recuerde la distinción entre las diferencias individuales o estilos culturales y el cuidado infantil inadecuado.
- Pida a los miembros de la familia que compartan sus opiniones acerca de la conducta del niño y sus razones para responder al niño de esa manera.
- Colabore con los padres o miembros de la familia para encontrar maneras mutuamente aceptables de tratar las situaciones.

Recuerde que la manera de hacer las cosas de otra persona puede ser igual de válida que la suya. Aunque las familias se comportan de maneras que le podrían parecer irracionales, su manera de hacer las cosas podría parecerles igualmente irracionales a ellas. Incluso en las situaciones donde a las familias les faltan conocimientos acerca de cómo cuidar adecuadamente a los niños, el entender los posibles motivos de su conducta puede hacer que sus intentos por ayudarles sean más eficaces. Las actitudes y los hábitos que se aprenden durante la infancia no cambian con facilidad. Incluso cuando un padre o miembro de familia desea cambiar alguna conducta de crianza infantil, el establecer nuevos hábitos toma tiempo y las situaciones estresantes tienden a provocar respuestas de acuerdo a viejos patrones. El ofrecer una alternativa positiva con frecuencia es la manera más eficaz de influir en la conducta.

Si usted se siente incómodo acerca de su interacción con la familia, trate de utilizar el proceso de cuatro pasos para tratar sus sentimientos que se demuestra en el DVD del Programa para el Cuidado Infantil: *El instinto protector: trabajando con los sentimientos de los padres y cuidadores*, del Programa de cuidado infantil. Este proceso se describe a fondo en el apéndice D. El siguiente ejemplo muestra cómo utilizar este proceso en una situación en la que le preocupa un niño que está cansado.

La situación: Todos los lunes por la mañana, Tricia, una bebé mayorcita, llega al programa de cuidado infantil tan cansada que no es capaz de mantenerse despierta durante toda la mañana. A usted le preocupa Tricia y su madre adolescente, Joyce.

Primer paso: Explore sus sentimientos. Piense acerca de la influencia de las experiencias pasadas en su respuesta a la situación. Es posible que usted se dé cuenta que es sensible a los padres que no cuidan debidamente a sus hijos. Usted siente que necesita abordar la situación de Joyce y Tricia, así que continua al segundo paso.

Segundo paso: Comparta sus sentimientos con los demás. Hable de sus sentimientos acerca de la situación con otro maestro de cuidado infantil. (Usted también podría haber hablado primero con una persona de confianza, un supervisor, un instructor en un taller pertinente o alguna persona de una asociación de programas de cuidado infantil en el hogar). Gracias a su conversación, usted se da cuenta de que la conducta de Joyce muestra que ella, como usted, se preocupa profundamente por Tricia y se empeña mucho en proporcionarle un buen cuidado. Usted decide que Joyce podría agradecer que le ayudaran a mantener el equilibrio entre su estilo de vida y la necesidad de descansar de Tricia. Usted está listo para tomar el siguiente paso.

Tercero paso: Obtenga el punto de vista de los padres. Usted le pide a Joyce que se reúna con usted a una hora conveniente para enterarse cómo ve ella el asunto que usted ha planteado. Usted reconoce que es un tema delicado y que es importante crear un tono de preocupación amistoso. Mediante la práctica de técnicas para escuchar activamente, usted se prepara para pedirle a Joyce su punto de vista y comienza expresando su opinión acerca de la situación sin emitir juicios: Usted comienza diciendo:

"Tricia se divierte mucho en el programa de cuidado infantil, pero con

Este abierto y muestre aceptación hacia los estilos de vida con los que se encuentre.

frecuencia los lunes por la mañana está demasiado cansada para jugar. Ella acaba perdiéndose gran parte de la diversión porque necesita dormir la siesta antes que los demás bebés mayorcitos. ¿Hay alguna razón especial por la cual Tricia esté tan cansada después del fin de semana?

Joyce explica que ella está en la escuela preparatoria (*high school*) y que tiene que estudiar todas las noches entre semana. Los fines de semana por la noche, ella disfruta de escuchando música y estando con sus amigos. Le cuesta trabajo acostar a Tricia esas noches. La música y la compañía estimulan a Tricia, por lo que Joyce deja que se quede despierta hasta que se duerma por su cuenta.

Cuarto paso: Desarrolle un plan de acción. En este momento, usted sabe más acerca de la situación, pero no está listo para tratar de resolverla. Usted necesita tiempo para pensar y preparar un plan, el cual se basará en lo que ha aprendido de Joyce y en información adicional que reúna de otras fuentes. Estas pueden incluir hablar con otras madres adolescentes acerca de cómo encuentran tiempo para la diversión a la vez que se aseguran que sus niños pequeños duerman lo suficiente. Usted se da cuenta que el tema le está causando malestar aunque no es un problema grave. Sin embargo, posiblemente quiera encontrar maneras de disminuir su estrés, quizás buscando una nueva manera de relajarse o hablando con alguien acerca de sus preocupaciones.

Si usted decide reunirse nuevamente con Joyce, asegúrese de reconocer y apreciar la buena labor que hace con Tricia. Tricia es una niña feliz, saludable y que se está desarrollando bien y gran parte de ello se debe a su madre. Usted sabe que Joyce trabaja duramente para ser buena madre y estudiar al mismo tiempo. Aborde la reunión con sensibilidad y presente algunas soluciones para negociar con Joyce. Usted también podría traer información de otras fuentes, como el DVD *El instinto protector: Trabajando con los sentimientos de los padres y cuidadores*, del Programa para el Cuidado Infantil.

Los maestros de cuidado infantil que son sensibles a los desafíos a los que se enfrentan las familias, con frecuencia encuentran que se les agradece profundamente el apoyo que ofrecen. Cultive una relación positiva con cada familia del programa al escuchar con atención y responder de manera considerada a cada miembro de la familia. Aunque se requiere tiempo y energía para establecer relaciones cordiales, vale la pena el esfuerzo.

Preguntas a considerar

1. ¿Cómo puede usted alentar a los miembros de la familia a comunicarse con más libertad? ¿Se empeña usted en escuchar más y hablar menos? ¿Qué significa escuchar "activamente"?

2. ¿Se toma usted el tiempo para conocer bien a todos los miembros de la familia y permitir que lo conozcan a usted?

3. ¿Es usted consciente de sus prejuicios y preferencias personales? ¿Cómo afectan estos a sus relaciones con las familias?

4. ¿Cómo se siente usted acerca de su papel como maestro de cuidado infantil? ¿Cómo afectan estos sentimientos su capacidad para escuchar y responder a las preocupaciones de los miembros de la familia? ¿Qué pasos puede usted tomar para sentirse más cómodo en sus relaciones con los padres?

5. ¿Cuáles son algunas de las diferencias en los estilos de vida de las familias de su programa? ¿Cómo se siente acerca de las diferencias? ¿Hay algunas medidas que pueda tomar para tratar con las diferencias que pueden ocasionar incomodidad?

Obras y materiales de consulta

Libros y artículos

Bruno, Holly Elissa. "Hearing Parents in Every Language: An Invitation to ECE Professionals." *Child Care Information Exchange* 153 (septiembre/octubre, 2003): pág. 58–60.

Presenta cinco artículos acerca de los programas multilingües en la educación de la primera infancia: "Bilingualism/Multilingualism and Language Acquisition Theories" (Evienia

Papadaki-D'Onofrio); "Training and Supporting Caregivers Who Speak a Language Different from Those in Their Community" (Joan Matsalia y Paula Bowie); "Language Immersion Programs for Young Children" (Francis Wardle); y "Hearing Parents in Every Language: An Invitation to ECE Professionals" (Holly Elissa Bruno). Incluye sugerencias sobre capacitación de Kay Albrecht.

Carter, Margie. "Communicating with Parents." *Child Care Information Exchange* 110 (julio/agosto 1996): pág. 80–83.

Ofrece cinco estrategias para mejorar la comunicación, incluyendo mantener bien informados a los padres, ayudar a los padres a presentarse en el salón y crear un diálogo en los boletines informativos.

Copple, Carol, editora. *A World of Difference: Readings on Teaching Young Children in a Diverse Society.* Washington, DC: National Association for the Education of Young Children, 2003.

Presenta maneras de colaborar con los niños pequeños y sus familias que realmente respondan a las diferencias de las personas y que sirvan para combatir los prejuicios de manera eficaz. Cuarenta y cinco lecturas invitan a la autorreflexión y a las conversaciones, poniendo énfasis en aumentar el respeto y la comprensión. Abarca una amplia gama de temas, como la cultura, el idioma, la religión, la inclusión y la situación socioeconómica.

Delpit, Lisa, y Joanne Kilgour Dowdy. *The Skin that We Speak: Thought on Language and Culture in the Classroom.* Nueva York: The New Press, 2002.

Ofrece perspectivas de primera mano acerca del tema de los dialectos en el salón, una polémica provocada por los notorios debates en torno a la "ebónica" en la década de 1990. Delpit y Dowdy, profesores de pedagogía en Georgia State University, presentan obras nuevas y previamente publicadas de educadores distinguidos como Herbert Kohl, Jules Henry y Victoria Purcell-Gates.

Dodge, Diane Trister. "Sharing Your Program with Families." *Child Care Information Exchange* 101 (1995): pág. 7–11.

Ofrece pautas para proveedores de cuidado infantil acerca de cómo colaborar con las familias para alcanzar objetivos mutuos. Enfatiza cómo utilizar el ambiente del programa para expresar la filosofía y los objetivos del currículo y destaca la importancia de mantener una comunicación continua con las familias.

Eggers-Pierola, Costanza. *Connections and Commitments: Reflecting Latino Values in Early Childhood Programs.* Washington, DC: National Association for the Education of Young Children, 2005.

Esta publicación describe cuatro valores claves que comparten muchas culturas latinas y proporciona un marco teórico para una enseñanza más sensible de los alumnos latinos.

Galinsky, Ellen. *The Six Stages of Parenthood.* Reading, MA: Addison-Wesley Longman, 2000.

Este libro se basa en entrevistas efectuadas a una amplia gama de familias estadounidenses y habla de las distintas etapas de la crianza que requieren de habilidades y conocimientos distintos.

Gonzalez-Mena, Janet, y Dianne W. Eyer. *Infants, Toddlers, and Caregivers: A Curriculum of Respectful, Responsive Care and Education, 8a. edición.* McGraw-Hill Companies, 2008.

Al combinar una filosofía centrada en los niños con estrategias para resolver problemas por medio de una conversación acerca de la diversidad, este libro ofrece una introducción al currículo y el cuidado de los niños de cero a tres años. Se basa en las obras de Magda Gerber y de su colega y tutora, Emmi Pikler.

Leavitt, Robin L., y Brenda K. Eheart. *Toddler Day Care: A Guide to Responsive Caregiving.* Lexington, MA: Lexington Books, 1985.

Una guía completa de los distintos aspectos del cuidado de los bebés mayorcitos relacionados con el desarrollo. Incluye un capítulo acerca de la colaboración con los padres para tratar la separación.

Miller, Karen. "Caring for the Little Ones—Developing a Collaborative Relationship with Parents." *Child Care Information Exchange* 135 (septiembre/octubre 2000): pág. 86–88.

Habla de las ventajas de las relaciones de colaboración con los padres y hace sugerencias para establecer relaciones de confianza y de apoyo.

Modigliani, Kathy. *Parents Speak About Child Care, 2a edición.* Boston, MA: Wheelock College Family Child Care Project, 1997.

Analiza las actitudes de los padres y de las familias por medio de conversaciones con 23 grupos de enfoque acerca de las experiencias de los padres con los programas de cuidado infantil en nueve ciudades de los Estados Unidos.

Analiza los videos que se produjeron en el proyecto.

O'Brien, Marion. *Inclusive Child Care for Infants and Toddlers: Meeting Individual and Special Needs.* Baltimore, MD: Brookes Publishing, 1997.

Un recurso para proveedores de cuidado infantil en programas inclusivos, con una guía de capacitación para alumnos y maestros principiantes. El capítulo 3 trata acerca de los padres como colaboradores y sugiere maneras de comunicarse con los miembros de la familia e invitar su participación el cuidado infantil.

Schweikert, Gigi. "I Confess, I've Changed—Confessions of a Child Care Provider and a Parent." *Child Care Information Exchange* 111 (septiembre/octubre 1996): pág. 90–92.

Explora los desafíos de la comunicación entre los proveedores de cuidado infantil y los padres desde la perspectiva de una educadora de cuidado infantil que también es madre.

———. "Remember Me? I'm the Other Parent—Insights for Meeting the Needs of Both Parents." *Child Care Information Exchange* 126 (marzo/abril 1999): pág. 14–17.

Presenta consejos acerca de cómo satisfacer las necesidades de los padres que no pueden ver o reunirse con los maestros de cuidado infantil con regularidad. Se enfoca en la importancia de proporcionar información precisa y recurrir a varios métodos de comunicación.

Stanley, Diane. "How to Defuse an Angry Parent." *Child Care Information Exchange* 108 (marzo/abril 1996): pág. 34–35.

Ofrece un plan de cuatro pasos para disipar el enojo de un padre de familia. Escuche con atención, asegúrese de entender bien el problema, reconozca los sentimientos del padre de familia y explique el plan de acción.

Stonehouse, Anne, y Janet Gonzalez-Mena. "Working with a High-Maintenance Parent: Building Trust and Respect Through Communication." *Child Care Information Exchange* 142 (noviembre/diciembre 2001): pág. 7–59.

Describe cómo el personal de cuidado infantil ayudó a una madre con las dificultades de la separación de su bebé de dieciocho meses de edad. Destaca el valor de la empatía para entender y apoyar a cada familia.

Sturm, Connie. "Creating Parent-Teacher Dialogue: Intercultural Communication in Child Care." *Young Children* 52 (julio 1997): pág. 34–38.

Destaca el proyecto de diálogo entre padres y maestros del Área de la Bahía de San Francisco para alentar un diálogo abierto entre los padres y los cuidadores.

Materiales audiovisuales

Building Bridges Between Teachers and Families. DVD. Seattle, Washington: Harvest Resources.

Dos proveedores con experiencia, de entornos económicos y culturales muy distintos, establecen un diálogo acerca de cómo cambiaron el enfoque de educar a los ambientes a volverse sus aliados. Los ejemplos de salones presentan ideas para el diseño de los ambientes que establezcan conexiones entre los mundos de los padres y los maestros y se establezcan comunidades centradas en la familia fuera del hogar.

Referencias bibliográficas

Bornstein, Marc H., editor. *Maternal Responsiveness: Characteristics and Consequences*. San Francisco: Jossey-Bass Publishers, 1989.

Departamento de Educación de California y WestEd, Programa para el Cuidado Infantil (PITC). *El instinto protector: Cómo trabajar con los sentimientos de los padres y cuidadores*. DVD. Sacramento, CA: Departamento de Educación de California y WestEd.

La participación de la familia en el programa

La necesidad de una fuerte conexión entre las familias y el programa es aún mayor cuando los niños pasan la mayor parte del día en programas de cuidado infantil. Los tipos de participación familiar que se discutieron en las secciones anteriores han tratado generalmente sobre el cuidado del niño. Las familias también se pueden beneficiar de actividades que reflejen sus talentos y habilidades y que contribuyan a fomentar la conexión entre familias. Esta sección ofrece sugerencias para ayudar a las familias a participar en el programa de cuidado infantil, entendido como una comunidad.

Cómo establecer las bases para la participación de la familia

Muchas familias de la sociedad actual necesitan cuidado infantil durante todo el día para sus hijos, en lugar de un programa de enriquecimiento de medio día. Ellas con frecuencia están ocupadas los fines de semana y las tardes con responsabilidades que se solían atender durante la semana. Los líderes de programa y los maestros necesitan prestar mucha atención a las circunstancias, los intereses, las necesidades y las culturas de cada familia para alentar la participación de la familia en el programa. Las actividades y demás oportunidades para la participación deben ser extremadamente interesantes para los miembros de la familia para que ellos se tomen el tiempo de asistir. La mejor manera de conseguir la participación de la familia es conseguir que los miembros de la familia participen plenamente en el diseño y la puesta en práctica de las actividades. Sin esta colaboración de los

miembros de la familia, las actividades de participación pueden ser consideradas sin importancia o incluso pueden ser rechazadas por las familias del programa.

Las pautas y estrategias respecto a la participación de las familias deben acoplarse a las necesidades del programa, adaptarse a los patrones familiares cambiantes y a la composición cultural del grupo. Las pautas y actividades creadas para alentar la participación de las familias deben ser flexibles y accesibles para todos. Por ejemplo, cuando los miembros de la familia hablan idiomas distintos, el programa necesita proporcionar traductores o utilizar otros métodos para la comunicación multilingüe.

Fomente un sentimiento de participación

Al utilizar palabras como "nuestro" y "nosotros", usted muestra que valora a las familias en su programa y las respeta como las personas más importantes en las vidas de los niños. Hable de "nuestro" programa o "nuestro salón", en lugar de "mi" programa o "mi" salón". Pida a los miembros de la familia que le ayuden a fortalecer las conexiones entre el programa y los hogares de los niños. Por ejemplo, podría preguntar al padre de Lisa: "¿Cómo podemos colaborar para ayudar a

Lisa a sentir una mayor conexión entre su hogar y el programa de cuidado infantil?" Al mostrar preocupación por la conexión de Lisa con su familia, al preguntarle al papá de Lisa qué piensa que debería hacer el programa y al escuchar su respuesta con atención, usted destaca el compromiso del programa de establecer una colaboración plena con las familias. Si colabora de esta manera con las familias alentará una mayor participación de los miembros de las familias en todos los aspectos del programa.

Ayude a los miembros de la familia a sentirse como en su casa

Los miembros de la familia a veces se sienten incómodos en el programa de cuidado infantil. Ellos podrían temer que se están entrometiendo o que no cuentan con las habilidades que tienen los maestros. Una sonrisa, un saludo amistoso y una taza de té, café u otro refrigerio puede hacerles sentir bienvenidos a los miembros de la familia. Es especialmente importante pensar en maneras de hacer que el campo de la primera infancia, que tradicionalmente ha sido dominado por las mujeres, haga sentir bienvenidos a

> **Los programas deben esforzarse continuamente en crear consenso y fortalecer el espíritu de equipo. Las personas con frecuencia ven las cosas de maneras distintas y nosotros debemos tomarnos el tiempo para descubrir, apreciar y aprender de nuestras diferencias.**

los hombres que participan en el cuidado de sus hijos. Una manera de hacerlo es asegurarse que el programa tenga maestros varones. Otra manera es preguntar a los hombres en el programa acerca de sus intereses y fortalecer aquellos intereses al crear actividades de grupo.

Diseñe el entorno físico de manera que tanto los hombres, como las mujeres, sientan que se les da la bienvenida al programa. Establezca un área, aunque sea pequeña, donde los miembros de la familia puedan relajarse, amueblándola con al menos dos sillas cómodas de tamaño adulto, con buena iluminación y varios de los siguientes objetos:

- Fotografías atractivas que incluyan imágenes de hombres relacionándose con niños de cero a tres años.
- Libros y artículos acerca de temas relacionados con la crianza infantil
- Portafolios de los niños
- Fotografías de los niños en el programa
- Fotografías de los niños y sus familias en casa

El preparar un lugar cómodo para los padres y los miembros de las familias transmite un mensaje claro respecto a la inclusión, lo cual puede ayudar a motivar a las familias a hacer preguntas, participar en actividades y ofrecer ayuda.

Las oportunidades para la participación de la familia

Las oportunidades para la participación de la familia en un programa de cuidado infantil diferirán de acuerdo al tipo de programa. Cada entorno de cuidado infantil, desde los centros de cuidado infantil, pequeños o grandes, hasta los programas de cuidado infantil en el hogar, tienen características particulares que los distinguen y hacen que algunos tipos de participación sean más fáciles de darse que otros. Por ejemplo, es poco probable

que un programa de cuidado infantil en el hogar pueda ofrecer su espacio por las noches para que se tomen clases. Sin embargo, es muy probable que un centro de cuidado infantil grande pueda tener un coordinador familiar que colabore con el personal y los miembros de las familias para planificar actividades. Independientemente de las diferencias del programa, las consideraciones más importantes para la participación de las familias son las mismas en cada programa: los miembros de las familias son vistos como una parte integral del programa, participan en el cuidado de sus hijos y contribuyen al programa de maneras distintas, además que las actividades se diseñan según los intereses y las necesidades de las familias. He aquí algunas de las maneras en que las familias participan para fortalecer las conexiones entre los niños, los maestros, las familias y la comunidad del programa:

- Crear o contribuir a un boletín informativo del programa.
- Organizar actividades para las familias.
- Utilizar el centro cuando está cerrado para otras actividades.
- Participar en visitas a domicilio.
- Ayudar con el mantenimiento del programa y su mejoramiento.
- Trabajar de voluntario en el salón.
- Proporcionar liderazgo al programa.
- Participar en actividades de recaudación de fondos.

Los boletines informativos del programa o del salón

Un boletín informativo del programa es una herramienta valiosa para que las familias y los miembros del personal se mantengan en contacto y se fomente un sentimiento de pertenencia a la comunidad del programa. El boletín puede ser tan sencillo como una carta de una o dos páginas fotocopiada en papel blanco o de color. Un nombre llamativo y dibujos al estilo infantil en el encabezado ayudará a hacerlo más atractivo. Se puede incluir en el boletín cualquier cosa que interese a las familias y a los maestros de cuidado infantil. El humor, cuando se usa de manera sensible, puede aportar mucho. Si a un miembro de la familia en su programa le gusta escribir, pídale que ayude con el boletín. Haga de ello una colaboración al incluir artículos que contribuya cualquier persona del programa a quien le interese.

Un boletín bien escrito puede mantener a las familias y los miembros del personal actualizados acerca de lo que está sucediendo en el programa y entre ellos. Utilice un boletín para dar la bienvenida a los nuevos miembros del personal y despedir a los que se vayan. La información acerca de los temas de salud actuales, cambios en las pautas, actividades sociales y recordatorios acerca del pago oportuno de las cuotas, todo se puede comunicar mediante un boletín. Sin embargo, un boletín no debe ser el único medio para los avisos importantes. Hable siempre directamente con las familias acerca de asuntos relacionados con las pautas, para asegurarse que todos estén debidamente informados. Un boletín también puede incluir estos elementos:

- Una sección donde se destaque a algún miembro del personal, con una entrevista a una persona distinta cada mes
- Una página dedicada a las familias, redactada por un miembro de familia distinto cada mes
- Actividades familiares importantes, como los nacimientos, las graduaciones y las reuniones
- Información acerca del desarrollo infantil
- Ideas para actividades que los niños de cero a tres años pueden hacer en casa
- Recetas de cocina

- Una columna con palabras graciosas que usen los niños del programa al comenzar a hablar
- Una sección de "Necesitamos ayuda" donde se pidan voluntarios para arreglar juguetes, organizar actividades para recaudar fondos, etc.
- Avisos acerca de actividades en la comunidad que pudieran interesar a las familias o miembros del personal

Las actividades familiares

Muchos padres, especialmente los padres adolescentes, extrañan las diversiones que disfrutaban antes que naciera el niño. Debido a que muchos padres no pueden pagar a una niñera con frecuencia, muchas veces se sienten atados. Las actividades que puedan incluir a toda la familia, como un desayuno, un día de campo, una función de películas o una fiesta, pueden atraer a padres adolescentes y a otros que no podrían asistir a reuniones o actos sociales exclusivamente para adultos. En programas lo suficientemente grandes como para tener un coordinador familiar, el coordinador generalmente trabaja con voluntarios de la familia para planificar estas actividades que ayudan a fortalecer el espíritu de equipo. En los programas de cuidado infantil en el hogar o los centros de cuidado infantil pequeños, los proveedores de cuidado infantil o los líderes de programa o maestros pueden compartir la planificación con miembros de la familia que estén interesados.

El uso de las instalaciones del programa de cuidado infantil cuando está cerrado

Además de utilizarse para actividades sociales de las familias, las instalaciones del programa de cuidado infantil se pueden aprovechar para otras actividades que interesen a las familias. Uno o más participantes se pueden hacer cargo de abrir y cerrar las instalaciones y asegurarse que estén listas para los niños y los maestros a la mañana siguiente.

Por ejemplo, aprender inglés es una prioridad para muchas familias inmigrantes. En las tardes, las instalaciones se podrían utilizar para clases de inglés, ejercicio, costura, cocina y actividades creativas. Además, el programa de cuidado infantil cuando esté cerrado, podría servir para la tutoría de niños mayores por parte de voluntarios de la comunidad. Las posibilidades de uso son ilimitadas e incluyen cualquiera de los intereses y las necesidades de las familias del programa.

Las visitas a los hogares de las familias

La mayoría de las familias se sentirán más cómodas acerca de una visita del maestro de cuidado infantil de su hijo u otro miembro del personal si han tenido tiempo para familiarizarse con el programa. Si ellos se sienten respetados y aceptados, es probable que agradezcan su interés personal y el esfuerzo que haga usted para tratar de contactarlos en sus hogares. Los programas se benefician mucho cuando los miembros del personal se toman el tiempo para visitar a las familias en sus casas.

Hacer visitas a domicilio es una excelente manera de aprender más acerca de las familias en su programa, y la familia llegará a conocerle mejor también. Su habilidad para estar tranquilo en su hogar hará más fácil que la familia se sienta a gusto en el programa. Es posible que un bebé mayorcito disfrute al enseñarle su habitación y sus juguetes favoritos. Además, usted verá los juguetes con los que juega el niño y el espacio que el niño puede explorar en casa. Al ver las interacciones, las actitudes y los hábitos de los miembros de la familia, usted comprenderá mejor la conducta del niño y por lo tanto, sus sugerencias a la familia serán más adecuadas. Las visitas informales a las familias en sus casas pueden producir relaciones de colaboración más profundas y estrechas. Así es cómo un maestro de cuidado infantil expresó lo que significó para ella una visita a domicilio:

> Durante la primera visita, no estaba segura cómo relacionarme con la familia, pero decidí ser lo más abierta posible. Al permitir a la familia fijar el tono de la relación, en lugar de tratar de imponerles mis actitudes, saqué mucho provecho a la visita. Creo que todos quedaron a gusto.

Aprendí mucho con tan solo escuchar. La familia percibió que yo estaba sinceramente interesada en ellos. Espero seguir haciendo estos tipos de visitas para fortalecer nuestros lazos de amistad.

El mantenimiento y la mejora del programa

Todos los tipos de trabajo que hacen que un hogar se mantenga en buenas condiciones también son necesarios en un centro de cuidado infantil. Sin embargo, un ambiente de cuidado infantil requiere aún más mantenimiento que un hogar debido al uso intensivo que hacen de él grandes números de niños y adultos. Los miembros de la familia, cuyos horarios o preferencias les impiden hacer trabajo voluntario con los niños durante el día, podrían estar dispuestos a ayudar a dar mantenimiento a las instalaciones en otras ocasiones, con actividades como estas:

- Plantar flores o arbustos o volver a sembrar áreas de césped
- Crear montículos para trepar y senderos
- Construir nuevas estructuras para jugar
- Reparar los juguetes y materiales
- Reorganizar los armarios y repisas

El cuidado infantil centrado en la familia es un enfoque basado en las fortalezas y habilidades de las familias. El maestro de cuidado infantil considera y fomenta los logros personales, los recursos positivos y las habilidades de las familias con todo tipo de experiencias pasadas y circunstancias de vida.

- Lavar la ropa
- Lavar los juguetes y limpiar los muebles

Si a los miembros de la familia se les hace difícil dejar sus hogares, es posible que ellos deseen hacer algo en su casa que contribuya de otra manera al programa. He aquí algunas cosas que estos miembros de la familia pueden hacer:

- Hacer juguetes nuevos usando materiales reciclados
- Reparar libros o juguetes
- Hacer ropa para las muñecas
- Hacer arreglos de costura a los disfraces para el juego dramático
- Recortar imágenes de revistas para collages o exhibiciones

El trabajo de voluntario en el salón

Hacer trabajo de voluntario en el salón es otra manera en que los miembros de la familia contribuyen al programa. Por ejemplo, un padre de familia podría cargar a un bebé o preparar bocadillos. Otros miembros de la familia posiblemente prefieran ayudar con los archivos o servir de acompañante bilingüe de una familia nueva. Muchos miembros de las familias tienen aptitudes para el arte, la música, la decoración interior o la cocina, y cada una de esas aptitudes podría contribuir a mejorar la experiencia que tienen en el programa los niños, las familias y los maestros.

Aunque la mayoría de los padres y demás miembros de la familia no pueden hacer trabajo voluntario en el salón con regularidad, algunos podrían visitar el programa de vez en cuando. Hágales saber a las familias que siempre serán bien recibidas en el programa y que es importante que los niños vean a sus padres y a otros miembros de sus familias hablando, riéndose y colaborando con los maestros en el ambiente de cuidado infantil. El trabajo de voluntario en el salón es una herramienta importante para la educación de los padres. Las familias pueden aprender acerca de las interacciones adecuadas con los niños al observar a los maestros. Ellos también tienen la oportunidad para observar conductas normales de otros niños, lo cual puede ayudarles a tener expectativas de sus hijos que sean adecuadas a su edad y tranquilizar cualquier preocupación que tengan acerca del desarrollo de sus hijos. Además, el participar ocasionalmente en las actividades diarias del programa, aunque sea sólo durante una hora más o menos, puede ayudar a los miembros de la familia, que tengan dudas acerca de recurrir al cuidado infantil, a sentirse algo más relajados con la situación.

Un programa grande con frecuencia tiene algunos miembros de la familia que están dispuestos a trabajar con los niños en el programa con regularidad. Los voluntarios pueden contribuir desde el principio si los maestros de cuidado infantil les ayudan a prepararse para esta labor. A continuación se presentan algunas maneras de facilitar la participación de los voluntarios en el salón:

- Pregunte a los voluntarios de la familia qué les gustaría hacer y asegúrese de asignarles las labores que prefieran.
- Reserve tiempo para dar a los voluntarios una orientación sobre lo que van a hacer y sobre cuándo deben desempeñar las tareas.
- Ofrezca tareas sencillas y esté dispuesto a ayudar con ellas si fuera necesario.
- Coloque una hoja donde se puedan anotar los voluntarios para las tareas y horarios que prefieran cada semana.
- Anime a los voluntarios a probar distintas labores para que las personas no se limiten en las formas en que pueden colaborar.
- Sugiera que los voluntarios dediquen tiempo a familiarizarse con el entorno y los niños antes de interactuar con ellos.
- En cuanto los voluntarios se hayan adaptado, pídales que se sienten en el suelo con el niño y sigan la iniciativa del niño para jugar con ellos, mirar libros, etc.
- Exprese su agradecimiento por las aportaciones de los voluntarios al programa.

Si fuera adecuado, señale a los miembros de la familia cualquier aptitud especial que pudieran tener para el trabajo con niños pequeños. Es posible que algunos comiencen a ver el cuidado infantil como una opción profesional. Usted puede ayudar a los padres o miembros de la familia interesados a emprender una carrera en la enseñanza y cuidado infantil sugiriéndoles cursos, clases en los colegios comunitarios u otros recursos.

El liderazgo en el programia

En un programa centrado en la familia, se anima a las familias a participar plenamente como socios que ayuden a tomar decisiones respecto a las pautas del programa. Muchos programas federales y estatales deben incluir una junta de

padres o consejo familiar. Ayudar a los miembros de la familia a desarrollar sus aptitudes como líderes y a fortalecer su confianza es una labor difícil pero gratificante. Desde el principio, aclare que el objetivo del programa es contar con una junta de padres con plenas funciones y muchos participantes. Algunos miembros de las familias podrían no sentirse con la confianza parar servir en un consejo familiar, por lo que es posible que el líder del programa y los representantes del personal tengan que conformarse con la participación de sólo una o dos familias, cuando el consejo familiar se establece por primera vez. Uno de las primeras responsabilidades de los miembros de las familias puede ser generar interés, con el apoyo del personal del programa, y alentar una mayor participación en el consejo familiar. Con el tiempo, otras familias también participarán.

La creación de una junta de padres o consejo familiar podría ser un objetivo principal del programa durante el primer año de operación. Durante ese año, el pro-grama tomará varias decisiones respecto al consejo:

- Identificar el papel específico del consejo familiar
- Determinar el número de miembros del consejo familiar y el plazo de servicio
- Definir los procedimientos para la selección de los miembros
- Organizar las gestiones de manera escalonada para que el cambio ocurra de manera gradual
- Asegurarse que todos los grupos estén representados
- Establecer los horarios, la frecuencia, la ubicación y los procedimientos de las reuniones.
- Tratar los asuntos que sugieran las familias

Mientras se integra el consejo, otras familias que estén interesadas podrían ser capacitadas para participar en el consejo, realizar reuniones de negocios, etc.

Las actividades para recaudar fondos

Una actividad esencial en muchos programas es suplementar los ingresos que provienen de los pagos de las cuotas de inscripción y otras fuentes al recaudar fondos adicionales para las operaciones o mejoras del programa. Estas actividades generalmente dependen de la energía y grado de compromiso de las familias y de los miembros del personal y ofrecen oportunidades para la creatividad, el espíritu comunitario y el trabajo arduo. Algunos programas tienen actividades como una celebración anual de un día festivo, que se convierten en el principal acto social y actividad del año para la recaudación de fondos. Otros programas recaudan fondos para un propósito determinado, como la construcción de un nuevo centro de cuidado infantil o mejoras al edificio actual.

Un programa recaudó fondos creando un catálogo ilustrado de las necesidades del programa (por ejemplo, cunas, barcos que se mecen, para los niños, y mesas para cambiar pañales). La participación y el liderazgo de las familias se estimulan con frecuencia con iniciativas innovadoras como esta.

Preguntas que podrían tener los miembros de la familia que hacen de voluntarios

Los miembros de las familias con frecuencia tienen muchas preguntas acerca de lo que pueden esperar al hacer trabajo voluntario. Piense acerca de cómo respondería a estas preguntas de los miembros de las familias que estén interesados en el trabajo voluntario:

- ¿De qué maneras puedo participar?
- ¿Me aceptarán los maestros de cuidado infantil?
- ¿Está bien si traigo a mis otros niños cuando hago trabajo voluntario? ¿A veces? ¿Siempre?
- ¿Realmente me necesitan?
- ¿Se me tratará con respeto?
- ¿Cuánto caso me harán los maestros de cuidado infantil?

- ¿Se aprovecharán los miembros del personal de mi disposición a ayudar?
- ¿Realmente ayudará al niño mi participación?
- ¿Estaré trabajando directamente con mi propio hijo?
- ¿Podré hablar con los maestros acerca del desarrollo de mi hijo?
- ¿Hay algún trabajo específico que pueda yo hacer?
- ¿Podré escoger las responsabilidades que desempeñaré?
- ¿Me dirá alguien exactamente qué debo hacer?
- ¿Podré cambiar mis responsabilidades sin que me critique el personal?
- ¿Estaré perdiendo el tiempo?

Sugerencias de actividades para los voluntarios que trabajan con los niños

- Observar a un bebé y documentar sus observaciones con apuntes detallados.
- Interactuar con un bebé pequeño y responder a sus balbuceos y demás sonidos.
- Cargar un bebé en el patio de juego y detenerse a mirar cosas interesantes.
- Traer sombreros viejos y adornarlos con la ayuda de los bebés mayorcitos.
- Ser el amigo de un bebé mayorcito durante el día.
- Traer un juego de tazones que se ensarten unos en otros y observar lo que hacen con ellos los bebés.
- Contar o leer una historia a un niño o a un grupo pequeño.
- Pintar las paredes exteriores o aceras con los bebés mayorcitos, con brochas grandes y cubos con agua.
- Hacer pasteles de lodo con un bebé mayorcito.
- Cantar una canción nueva o hacer un juego para dedos con los niños.

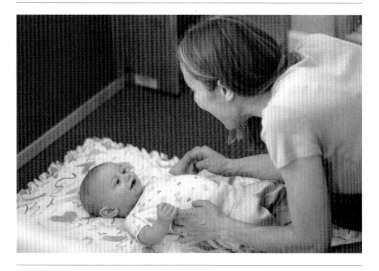

- Hacer un proyecto creativo sencillo, adecuado para los bebés mayorcitos.
- Traer un aparato para grabar las voces de los niños.
- Escuchar a los bebés mayorcitos que comienzan a hablar, anotando las palabras que digan. Compartir las palabras con las familias de los niños.
- Utilizar botellas y latas de distintas formas y tamaños para practicar vaciarlas con los niños.
- Plantar semillas de aguacate germinado y observar su crecimiento.
- Sentarse con bebés sobre una cobija en un área protegida al aire libre y responder a lo que ellos observan (como las hojas que se mueven en los árboles o los pájaros que vuelan por las alturas).
- Sentarse en el suelo con los bebés y jugar con ellos.

Ayuda con los juguetes y los materiales

Los voluntarios también pueden ofrecer su ayuda al participar en estas actividades:

- Organizar los rompecabezas, retirando los que estén incompletos y haciendo piezas nuevas
- Reparar libros
- Tomar fotos del programa de cuidado infantil
- Reunir los materiales para el collage
- Hacer bolsitas de semillas
- Hacer tarros para oler o tocar para la exploración sensorial.
- Hacer marionetas usando calcetines
- Mezclar pinturas o limpiar caballetes
- Hacer observación de un grupo y compartir sus apuntes con los maestros de cuidado infantil
- Reunir cajas de cartón de tamaños y formas distintas para que jueguen los niños

Las sugerencias mencionadas anteriormente son tan sólo un punto de partida. Los programas siempre se benefician cuando invitan a los miembros de la familia a participar en el proceso de selección de actividades.

La participación de los padres adolescentes

Los padres adolescentes son especiales. Ellos con frecuencia están trabajando para terminar sus estudios de la escuela preparatoria (*high school*) a la vez que atienden las múltiples responsabilidades de la crianza de sus hijos. Muchos de ellos tienen ingresos limitados y algunas madres adolescentes posiblemente no recibieron la suficiente atención médica y nutrición durante el embarazo. Aunque cada padre de familia adolescente tiene una situación muy particular, la mayoría de ellos son adolescentes solteros. Por lo general, las madres adolescentes viven en casa con sus familias, pero algunas de ellas buscan su emancipación, una designación que, en el caso de una madre adolescente, significa que es capaz de cuidar a su bebé por su cuenta. Las madres adolescentes con frecuencia responden con entusiasmo y determinación a su nuevo papel.

En un programa, a unos padres adolescentes se les pidió escribir una carta de lo que le dirían a una jovencita que estaba a punto de dar a luz. La siguiente carta expresa los sentimientos de muchas madres adolescentes:

Ahora que vas a ser madre, llegó la hora de hacer a un lado las cosas infantiles. Te sentirás bastante sola y asustada, pero todo esto se disipará cuando te muestren tu pequeño tesoro. Si tienes pensado quedarte con el niño, recuerda que en tu papel de madre habrá muchos momentos de

soledad y miedo. Sin embargo, todo se puede lograr si tienes fe en ti misma. Trata de recordar que necesitas poder tomarte una noche para salir. Esto te ayuda a controlar los nervios y la tensión y te ayudará a ti y a tu bebé a tener una mejor relación. Trata de hacer tantas cosas como puedas con tu recién nacido.

La experiencia de dar a luz con frecuencia cambia la forma en que las madres adolescentes se ven a sí mismas. Ellas sienten que al volverse madres se han vuelto adultos. Cuando se les trata como inmaduras, con frecuencia las madres adolescentes se ofenden y pueden resentir profundamente la expresión "son niños que tienen niños". Las madres adolescentes tienen sueños y aspiraciones como todas las personas y es importante ofrecerles respeto y compasión.

Los varones adolescentes que son padres con frecuencia tienen el interés de involucrarse en la vida de sus bebés, aunque se enfrentan a dificultades muy particulares al tratar de participar plenamente como padres. Estas dificultades pueden incluir la presión de sus semejantes, la falta de figuras paternales, los recursos económicos limitados, las dificultades para equilibrar la escuela y el trabajo, los estereotipos acerca de los varones adolescentes y la percepción de que la labor de crianza es sólo cosa de las madres. Los maestros sensibles a estos temas pueden dar apoyo a los varones adolescentes que son padres al invitarles y alentarles a que participen en todas las actividades para padres, incluyéndolos en los intercambios de información diarios, las visitas a los salones y las actividades, las conferencias para padres y mostrando sus fotos en el salón. Los padres adolescentes pueden jugar un papel importante en las vidas de sus bebés.

Sin importar si su programa de cuidado infantil esté diseñado especialmente para los padres adolescentes o si también es para padres adultos, los padres adolescentes requieren consideraciones especiales. Además de cuidar a sus bebés, los padres adolescentes necesitan terminar sus estudios de la escuela preparatoria (*high school*). Para poder equilibrar ambas responsabilidades, los padres adolescentes necesitan un cuidado infantil de alta calidad que fomente el desarrollo tanto de su bebé como el suyo. Por medio de relaciones de colaboración, respetuosas y cariñosas, los programas pueden apoyar a los padres adolescentes y ayudar a sus bebés a que tengan un buen comienzo en la vida.

En los programas que estén ubicados dentro de la escuela preparatoria (*high school*), los padres adolescentes con frecuencia visitan a sus bebés durante los descansos entre clases. Esto proporciona a los programas muchas oportunidades para:

• Establecer relaciones estrechas con los padres adolescentes por medio de la comunicación bidireccional.

- Modelar e inspirar habilidades de crianza.
- Fomentar el apego entre los padres y sus bebés.
- Apoyar a los padres adolescentes para que continúen con sus estudios.
- Compartir información acerca de los recursos y servicios que pueden ayudar a los padres adolescentes.

Como la mayoría de las personas, los padres adolescentes crecen y maduran cuando reciben comentarios positivos, aliento y el reconocimiento de sus habilidades. En el ejemplo siguiente, un maestro de cuidado infantil apoya el deseo de una madre adolescente de ayudar a su bebé a aprender a hablar:

MADRE: Mi hija Sefarina está haciendo muchos sonidos últimamente. Ella parece estar esforzándose mucho en hablar. ¿Cómo puedo enseñarle a decir palabras?

MAESTRA: Bueno, veamos. ¿Ha observado algo distinto últimamente, cuando ella hace sonidos?

MADRE: Bueno, cuando miro a Sefarina y le hago sonidos, ella parece contestarme, como balbuceando.

MAESTRA: ¡Estupendo! Sabes exactamente qué hacer. A ella le gusta mucho oír tus sonidos y palabras y está aprendiendo lo divertido que es comunicarse. Ella está practicando conversaciones contigo, intercambiando sonidos y gestos. He notado la manera en que le hablas acerca de lo que estás haciendo. Esa es exactamente la manera de ayudarle a aprender palabras.

Las interacciones como esta pueden alentar a una madre joven a seguir hablando con su bebé. En conversaciones posteriores, la maestra podría reconocer otras habilidades para fomentar el desarrollo del lenguaje que ha observado y ofrecer más detalles acerca del uso de canciones y rimas infantiles, de cómo asociar las palabras con los objetos, etc. Un intercambio personal entre la madre adolescente y la maestra con frecuencia es más eficaz que una sesión de capacitación formal en que se les enseñe a los padres que "los bebés aprenden el lenguaje cuando uno les habla y responde".

Cómo conseguir que participen los abuelos y demás miembros de la familia

Dado que la mayoría de los padres adolescentes viven en casa, otros miembros de la familia, como los abuelos del niño, las tías, los tíos y otros parientes, participan con frecuencia en el cuidado del niño. Usted mostrará apreciación por cada miembro de la familia, que participa en la vida del niño, cuando aprende como se llama cada uno de ellos y cuál es su relación con el niño.

Un tema que puede surgir cuando los padres adolescentes participan en el programa de cuidado infantil es que pueden aprender formas de cuidado infantil que difieren de las de otros miembros de la familia. Esto puede crear desacuerdos acerca de cómo abordar la disciplina, la salud, la alimentación y otros temas relacionados con el niño. La mejor manera de tratar con las distintas formas del cuidado infantil es crear oportunidades para la comunicación entre todas las personas que participan en el cuidado infantil: los padres, otros miembros de la familia y los maestros de cuidado infantil. Si un padre de familia adolescente y los miembros de su familia no están dispuestos a comunicarse de esta manera, los maestros aun pueden establecer relaciones de confianza y respeto mutuo con cada persona involucrada en el cuidado y desarrollo del niño. Esto garantizará que todas las personas de importancia en la vida del niño participen en las decisiones relacionadas con el cuidado infantil del niño.

En algunas situaciones, los abuelos asumen la responsabilidad completa de sus nietos. Al igual que con todos los demás padres y miembros de la familia en el programa, es importante colaborar estrechamente con los abuelos que hayan asumido el papel de padres. Además, los abuelos que tienen la tutela de sus nietos podrían agradecer que se reconozca el papel doble que están desempeñando como padres y como abuelos y también que se les vincule con otras personas que se encuentran en situaciones semejantes.

Los programas a veces presentan oportunidades para que se reúnan en grupo los abuelos y otros parientes que participan en el cuidado diario del niño, con los maestros de cuidado infantil o con un consejero. Los grupos como estos pueden proporcionar un lugar donde hablar acerca de los temas y desafíos que son particulares de estos tipos de familias extensas. Las reuniones podrían incluir a los padres del niño también, si se encuentran disponibles y desean participar. Las oportunidades como esta pueden ayudar a las familias a desarrollar sus habilidades para la comunicación y ayudarles a resolver conflictos.

Preguntas a considerar

1. ¿De qué manera puede usted ayudar a los padres o miembros de la familia a sentirse cómodos en el programa? ¿Da la bienvenida con sus palabras y sus acciones? ¿Hay un lugar especial donde puedan sentarse, observar, leer o estar con los niños los miembros de la familia? ¿Ayuda usted a crear oportunidades para que convivan los miembros del personal y las familias?

2. ¿Cómo puede usted alentar a las familias a participar en el cuidado infantil? ¿Incluye usted a los miembros de la familia en la toma de decisiones relacionadas con el cuidado del niño? ¿Practica usted el escuchar activamente para poder aprender acerca de las actividades que interesan a las familias? Cuando usted fija los objetivos de participación de las familias, toma usted en consideración a las familias en su programa?

3. ¿Con qué frecuencia le comunica usted a las familias que necesita su ayuda? ¿Piensa usted en pedir ayuda a un miembro de la familia cuando se rompe un juguete, un bebé necesita que lo carguen u otra familia necesita apoyo o información?

4. ¿De qué manera fomenta usted el sentimiento de comunidad entre las familias y entre las familias y los miembros del personal? ¿Se comunican los eventos y los cambios importantes que impactan al programa, por medio de un boletín informativo o de alguna otra manera? ¿Fomenta usted que las familias se preocupen por todos los niños en el programa?

5. ¿Tiene su programa algún lugar donde las familias puedan localizar artículos o libros acerca del desarrollo infantil? ¿Se utiliza el lugar de cuidado infantil en las tardes/noches para mostrar videos u organizar reuniones acerca de temas relacionados con el cuidado infantil?

Obras y materiales de consulta

Libros y artículos

Baker, Amy, y Lynn Manfredi/Petitt. *Relationships, the Heart of Quality Care: Creating Communities Among Adults in Early Care Settings*. Washington, DC: National Association for the Education of Young Children, 2004.

Describe actitudes, estrategias y pautas que apoyan el cuidado infantil de alta calidad. Esta publicación se basa en observaciones, entrevistas y anécdotas para destacar la importancia de las relaciones de colaboración positivas entre las familias y los cuidadores, los sistemas de cuidador principal, las pautas y los horarios que dan prioridad a las necesidades de los niños y las perspectivas de las familias.

Boyce, Carol Gratsch. "Trading Control for Partnership: Guidelines for Developing Parent Ownership in Your Program." *Child Care Information Exchange* 144 (marzo/abril 2002): pág. 75–78.

Explica la importancia de fomentar que los padres se sientan dueños de una cooperativa del programa de cuidado de la primera infancia. Aborda la toma de decisiones, la participación en el salón, las interacciones amistosas, cómo fijar objetivos y las actitudes del personal.

Carter, Margie. "Developing Meaningful Relationships with Families: Ideas for Training Staff." *Child Care Information Exchange* 130 (noviembre/diciembre 1999): pág. 63–65.

Presenta estrategias para mejorar las relaciones entre los proveedores de cuidado infantil y las familias, como la creación de ambientes hospitalarios para las familias, el replanteamiento de las reuniones con los padres y la producción de libros y videos de recuerdos.

Cunningham, Bruce. "The Good Business of Being Father-Friendly: Does Your Center Welcome Male Customers?" *Child Care Information Exchange* 135 (septiembre/octubre 2000): pág. 70–71.

Ofrece sugerencias para hacer que los programas de cuidado infantil den la bienvenida a los padres y otros varones que participan en el cuidado de los niños pequeños. Describe seis áreas de servicio que favorecen a los padres.

DeJong, Lorraine. "Using Erikson to Work More Effectively with Teenage Parents." *Young Children* 58, núm. 2 (marzo 2003): pág. 87–95.

Ofrece sugerencias para ayudar a los maestros de cuidado de la primera infancia a trabajar más eficazmente con padres adolescentes y convertirse en adultos importantes en las vidas de los padres adolescentes. Las sugerencias incluyen (a) fomentar la identificación positiva de los adolescentes con las prácticas de cuidado de la primera infancia, al compartir experiencias con los adolescentes; y (b) abordar las necesidades individuales de los adolescentes. Presenta las etapas del desarrollo psicosocial de Erikson como la base para las recomendaciones para crear confianza y fomentar la autonomía, la iniciativa, la diligencia y una identidad positiva. Incluye estrategias para que los padres adolescentes participen en la crianza de sus hijos.

DiNatale, L. "Developing High-Quality Family Involvement Programs in Early Childhood Settings." *Young Children* 57 (septiembre 2002): pág. 90–95.

Trata la necesidad de que los programas de cuidado de la primera infancia establezcan relaciones de colaboración estrechas con las familias, para apoyar el papel de cada padre de familia como el principal educador del niño, y sentar las bases para la participación de la familia. Presenta pasos para establecer programas de participación de los padres de alta calidad y ofrece ejemplos de cómo los padres pueden contribuir en el salón y en las áreas al aire libre.

Fisher, Roger, and William Ury. *Getting to Yes: Negotiating Agreement Without Giving In*. Nueva York: Penguin Books, 1991.

Ofrece una estrategia concisa y comprobada para resolver los conflictos, ya sea entre los padres y los niños, los vecinos, los jefes y los empleados, los clientes, las empresas, los inquilinos o los diplomáticos. Se basa en estudios y conferencias efectuadas por el Proyecto sobre Negociaciones de Harvard.

Gonzalez-Mena, Janet, y Dianne W. Eyer. *Infants, Toddlers, and Caregivers: A Curriculum of Respectful, Responsive Care and Education, 8a. edición.* McGraw-Hill Companies, 2008.

Incluye secciones acerca de las relaciones entre padres y cuidadores y la separación a los nueve meses en los programas de cuidado infantil y en situaciones multiculturales.

Greenman, James. "Beyond Family Friendly: The Family Center." *Child Care Information Exchange* 114 (marzo/abril 1997): pág. 66–69.

Aboga por la creación de programas de cuidado infantil en el hogar que se centren en la seguridad económica y psicológica de la familia y las relaciones que fomentan el bienestar; y (b) la seguridad, la salud y el desarrollo del niño.

Lombardi, Joan. *Time to Care: Redesigning Child Care to Promote Education, Support Families, and Build Communities*. Philadelphia, PA: Temple University Press, 2003.

Proporciona documentación acerca del panorama actual del cuidado infantil en los Estados Unidos y lo que se necesita hacer para mejorarlo. La obra cita estadísticas y ejemplos y subraya lo difícil que es proporcionar un cuidado infantil económico y de alta calidad para todos los niños. También hace énfasis en que las conversaciones acerca del sistema de educación pública deben incluir el tema del cuidado infantil de alta calidad.

Mangione, Peter L., ed. *Infant/Toddler Caregiving: A Guide to Culturally Sensitive Care*. Sacramento, CA: California Department of Education, 1995.

Una guía para ayudar a los proveedores de cuidado infantil a (1) profundizar su comprensión de sí mismos y descubrir cómo les influyen sus creencias culturales; (2) profundizar su comprensión acerca de los niños y las familias en su programa; (3) aprender a ceca de los temas culturales para así convertirse en cuidadores infantiles más eficaces.

Miller, Karen. "Caring for the Little Ones—Developing a Collaborative Relationship with Parents." *Child Care Information Exchange* 135 (septiembre/octubre 2000): pág. 86–88.

Trata acerca de las ventajas de sostener relaciones de colaboración con los padres y ofrece sugerencias acerca de cómo crear confianza y proporcionar apoyo.

Schorr, Lizbeth B., y Daniel Schorr. *Within Our Reach: Breaking the Cycle of Disadvantage and Despair.* Nueva York: Doubleday and Co., 1989.

Estudia los programas de intervención creados en los Estados Unidos para los niños pequeños en condiciones de riesgo. Los autores sostienen que los Estados Unidos ya cuenta con las respuestas para proporcionar una intervención educativa y el apoyo adecuado y que no necesita reinventar estrategias, ni métodos. Describe varios métodos de abordar los temas difíciles y las familias disfuncionales.

Schweikert, Gigi. "I Confess, I've Changed—Confessions of a Child Care Provider and a Parent." *Child Care Information Exchange* 111 (septiembre/octubre 1996): pág. 90–92.

Explora los desafíos de la comunicación entre los proveedores de cuidado infantil y los padres, desde la perspectiva de una educadora de cuidado infantil que también es una madre.

Schweikert, Gigi. "Remember Me? I'm the Other Parent—Insights for Meeting the Needs of Both Parents." *Child Care Information Exchange* 126 (marzo/abril 1999): pág. 14–17.

Presenta consejos para los padres que no pueden ver a los maestros de sus hijos con regularidad. Se enfoca en la importancia de proporcionar información correcta y recurrir a métodos de comunicación diversos.

U.S. Department of Health and Human Services, Head Start Bureau. *A Head Start Handbook of the Parent Involvement Vision and Strategies.* Washington, DC, 1996.

Una guía detallada del programa Head Start para organizar el aspecto familiar de cualquier programa de cuidado de niños pequeños. Abarca la planificación y preparación, las estrategias para fomentar la participación de los padres y cómo abordar las transiciones.

Materiales audiovisuales

Grandparenting: Enriching Lives. Video (VHS). Washington, DC: National Association for the Education of Young Children. http://www.naeyc.org.

Proporciona a los abuelos la información más actualizada acerca del desarrollo infantil, así como pautas, ideas y apoyo para el papel indispensable que juegan en las vidas de sus hijos y nietos. La autora Maya Angelou es la presentadora en inglés y Don Francisco es el presentador en español.

Séptima sección:

Cómo tratar los asuntos de negocios del programa con las familias

Los asuntos de negocios relacionados con el cuidado de los niños de cero a tres años y sus familias son una parte importante del programa. En cada programa, alguien debe asegurarse que las familias y los miembros del personal se adhieran a las pautas convenidas y cumplan con sus respectivas responsabilidades. Alguien también debe asegurarse que el programa tenga suficiente dinero para pagar el alquiler o la hipoteca, que se proporcione el mantenimiento adecuado a las instalaciones y que se compren los materiales necesarios.

Los profesionales del cuidado infantil generalmente no se ven a sí mismos como personas de negocios. Muchos tienen especialidades en campos como el desarrollo infantil y servicio social, con una capacitación mínima en asuntos de negocios. Por ese motivo, los aspectos financieros y legales de los programas de cuidado infantil pueden presentar un desafío. Sin embargo, cuando establece prácticas de negocios adecuadas les demuestra a las familias que su programa es de confianza y está bien organizado.

En los programas de cuidado infantil en el hogar, el proveedor de cuidado infantil con frecuencia cumple los papeles de maestro de cuidado infantil, líder de programa, encargado de limpieza, "cocinero principal y lava biberones" además de gerente de empresa. También es común que los líderes de programa de los centros de cuidado infantil pequeños, se encarguen de todos los asuntos de negocios relacionados con sus programas. Esta sección interesará especialmente a los proveedores de cuidado infantil en el hogar y líderes de centros de cuidado infantil que también son gerentes del negocio, así como a individuos que están abriendo programas nuevos.

Nota: Si usted está abriendo un programa nuevo, es buena idea solicitar consejos de su agencia local de recursos y referencias para programas de cuidado infantil o bien alguna asociación de programas de cuidado infantil en el hogar, las agencias reguladoras correspondientes y otras agencias que puedan ser fuentes de financiamiento. La siguiente información le ayudará a dar los primeros pasos.

Cómo planificar los rendimientos financieros

Algunos aspectos del negocio del cuidado infantil no implican directamen-

te a las familias, pero deben atenderse antes de inaugurar un programa. Uno de estos aspectos es decidir cuánto cobrar a las familias, para que el programa pueda cubrir sus gastos y rendir ganancias razonables. Un buen punto de partida es averiguar cómo solicitar financiamiento público para subvencionar los alimentos y las cuotas de cuidado infantil de las familias de bajos ingresos. Usted también necesitará obtener información y tomar decisiones acerca de estos temas:

* Las edades y el número de niños en su programa
* La cantidad de niños y proporciones entre niños y adultos en los grupos*
* Si contratará a personal adicional
* Si proporcionará alimentos a los niños
* El costo de los seguros, los impuestos y las posibles auditorías
* El costo de los muebles, juguetes y materiales
* Si se debe alquilar o comprar el espacio para el programa

Una buena manera de establecer un presupuesto realista es obtener información de programas existentes que sean parecidos al que usted tiene pensado. Averigüe qué tipos de servicios buscan las familias. Obtenga información acerca de cómo ofrecer servicios más amplios, como los programas de cuidado infantil después de la escuela para niños mayores, de cuidado durante las noches o fines de semana o de cuidado de niños enfermos. La información que obtenga le ayudará a tener una idea realista de la demanda que existe para los servicios que usted va a proporcionar. Muchos programas proporcionan servicios a una combinación de familias, algunas

---

*Si desea más información acerca de este tema, vea las recomendaciones del Programa para el cuidado infantil (PITC por sus siglas en inglés) en el DVD o bien, consulte el Módulo II del manual pedagógico. Puede conseguir ambos en http://www.pitc.org.

Las comunicaciones eficaces y bidireccionales que se lleven a cabo con regularidad ayudan a los maestros de cuidado infantil a establecer relaciones cálidas y abiertas con las familias.

de las cuales reciben subsidios del estado para las cuotas de cuidado infantil y otras que pagan el valor total de estas cuotas. La información que obtenga también le ayudará posteriormente a saber explicar el por qué de los precios de su programa, a las familias. Por ejemplo, usted podría explicar cómo las cuotas cubren el seguro, los sueldos, los impuestos, los muebles, juguetes y materiales, el alquiler y el mantenimiento, etc.

Los aspectos legales

Las leyes y requisitos de la licencia determinan muchos de los detalles de su programa. Usted debe cumplir con todos los requisitos estatales y locales para los programas de su tipo y tamaño. Estos requisitos legales incluyen los reglamentos de zonificación, los impuestos, los seguros, la proporción de adultos y niños, la superficie cuadrada que se requiere por cada niño, entre otros temas. El saber que su programa cumple con estos requisitos le ayudará a sentirse más seguro en sus negociaciones con las familias. Usted sabrá que está cumpliendo con sus responsabilidades profesionaless.

No hay ningún sustituto para las conversaciones bidireccionales y reciprocas que se llevan a cabo durante el proceso de ingreso, durante el cual se intercambian información y puntos de vista con las familias. El hablar de los temas de negocios de manera amistosa y respetuosa es algo muy valioso. Sin embargo, es esencial tener un contrato de matrícula por escrito entre usted y cada familia en el programa. (Para ver un ejemplo de un contrato, vea el apéndice B.) El contrato lo deben firmar usted y el miembro de la familia indicado y debe cubrir todas sus consideraciones y preocupaciones, así como las de la familia. También debe incluir los detalles de sus responsabilidades mutuas, incluyendo temas como estos:

- Las cuotas por los servicios de cuidado infantil
- La fecha de pago y el recargo por un pago tardío
- Los periodos que abarca el contrato
- Las penalizaciones o consecuencias por no cumplir con las disposiciones del contrato

Por último, el contrato debe incluir una declaración similar a la siguiente: "Si por algún motivo alguno de nosotros no puede respetar los términos de este acuerdo, comunicaremos este hecho a la otra parte de inmediato. Confiamos en que mantendremos una comunicación abierta tanto en los asuntos de negocios del programa como en las otras áreas de nuestra relación". Un abogado u otro especialista debe verificar la versión final de su contrato para asegurarse que cumpla con los requisitos legales. Usted debe estar dispuesto a solicitar asesoría jurídica de vez en cuando. Algunas organizaciones se especializan en proporcionar asesoría legal a los programas de cuidado infantil en el hogar. Por ejemplo, en California, los maestros de cuidado infantil y los programas pueden dirigirse a la siguiente agencia para pedir ayuda:

Public Counsel
610 South Ardmore Avenue
Los Angeles, CA 90005
Teléfono: 213-385-2977

La documentación

Una de las responsabilidades de un proveedor de cuidado infantil o líder de programa es conservar la documentación relacionada con el programa. El aspecto más importante de la documentación es tener un sistema que le permita añadir, cambiar y localizar la información con facilidad. Todas las transacciones de negocios del programa deben documentarse cuidadosamente y conservarse en formato impreso y/o electrónico. Asegúrese de documentar con claridad todos los pagos que se reciban de las familias, y de dar recibos por los pagos recibidos.

A muchos proveedores se les facilitará y les parecerá más eficiente computarizar los archivos del negocio y posiblemente contemplen invertir en un programa diseñado especialmente para su uso en programas de cuidado infantil. Hay varios productos que están diseñados para que los programas de cuidado infantil administren la contabilidad, sus documentos administrativos, sus formularios, etc. Al mantener ordenada la documentación, usted podrá relajarse y prestar más atención a la parte más esencial de su trabajo: el cuidado de los niños de cero a tres años y sus familias. Además, usted estará preparado en caso de que surjan preguntas o problemas.

Los problemas de negocios más comunes

Incluso con una planificación cuidadosa y bien pensada, es inevitable que surjan problemas económicos. Los problemas más comunes ocurren cuando las familias constantemente se retrasan en el pago de las cuotas o al recoger a sus hijos. Estas familias suelen tener buenas intenciones y explicaciones de sus dificultades para cumplir con los acuerdos; como por ejemplo, el estar experimentando altos niveles de estrés.

Sin embargo, si en el momento de la inscripción usted comunica claramente las pautas de negocios de su programa, tanto de manera verbal como por escrito, las familias estarán bien informadas y sabrán lo que se espera de ellas. Las pautas del programa deben indicar claramente las responsabilidades económicas de la familia y deben abordar temas como las penalizaciones por no recoger a sus hijos a la hora acordada. Aunque una familia podría tener que hacer un pago especial o arreglos especiales para recoger a los niños de vez en cuando, el llegar tarde o pagar las cuotas con retraso constantemente son problemas graves, especialmente en los centros de cuidado infantil pequeños y los programas de cuidado infantil en el hogar. En estos tipos de situaciones, asegúrese de hablar con los miembros de la familia antes que el problema se haga crónico, y asegúrese que su forma de abordarlo demuestre su compromiso de utilizar la comunicación bidireccional. He aquí algunas estrategias para tratar estas situaciones:

1. Pida a un miembro de la familia que explique las causas del problema y vea si el programa puede proporcionarle ayuda. Por ejemplo, la situación económica de una familia podría haber cambiado de tal manera que no podrían permanecer en el programa sin ayuda. Si una familia sinceramente desea cumplir con sus obligaciones económicas, es posible encontrar soluciones creativas. Es posible que existan becas educativas o se pueda hacer un préstamo. También es posible que sepa de alguna oportunidad de trabajo para un miembro de una familia, o quizás él o ella podría cubrir parte de la cuota al hacer algún trabajo para el programa.

2. Enfatice el sentido de comunidad y la relación de colaboración con el programa. Explique que las contribuciones de cada persona son indispensables y recuerde al miembro de la familia que se afecta a todos en el programa cuando no se cuenta con dinero para comprar materiales o pagar las cuentas del programa.

3. Si una familia paga con retraso repetidamente, explique que es necesario recibir las cuotas oportunamente por el bien de la estabilidad económica del programa y que no se toleran los pagos tardíos.

4. Si la situación no mejora, usted tendrá que tomar la difícil medida de suspender la inscripción del niño. Si esto sucede, se romperán los lazos que usted se ha esforzado en establecer con la familia. Los maestros de cuidado infantil con frecuencia se sienten mal acerca del impacto que esto puede tener en los niños de cero a tres años y sus familias. Sin embargo, el permitir a las familias descuidar constantemente sus responsabilidades económicas no les ayudará a administrar sus vidas.

De vez en cuando, los problemas económicos de una familia pueden ser tan graves que la familia deja el programa sin avisar, o bien se va sin terminar de pagar sus deudas, lo cual puede provocar una crisis financiera al programa. Hay pasos que usted puede tomar para evitar estas situaciones desagradables. Una es exigir un depósito de las cuotas del primer y el último mes. Los pagos por adelantado le darán tiempo de reemplazar a una familia que se haya salido del programa con otra familia que necesite cuidado infantil. El cobro de una multa o el cambio de la fecha del pago también pueden ayudarle con un padre que constantemente se demora en hacer los pagos. Ante todo, cada programa debe contar con una reserva o fondo de emergencia para cubrir gastos imprevistos y circunstancias inevitables. Si su programa recibe fondos públicos, consulte a la entidad financiadora para asegurarse que sus prácticas para un fondo de emergencia cumplan con las regulaciones.

La asistencia con los asuntos administrativos

Algunos centros de cuidado infantil reciben asistencia con los aspectos administrativos de una junta directiva integrada por miembros de las familias y representantes de la comunidad. La junta directiva asesora al programa respecto a los procedimientos y problemas y ofrece a las familias una excelente manera de participar en la creación de pautas. La junta directiva podría hacerse responsable de determinar los horarios del programa, las actividades para recaudar fondos, las posibilidades de expansión del programa, las pautas sobre salud y enfermedades, etc.

Los centros de cuidado infantil pequeños y los programas de cuidado infantil en el hogar generalmente se encargan de los asuntos administrativos sin ayuda externa.

Si usted es un proveedor de cuidado infantil, un líder de programa o un miembro del personal que tenga a su cargo los asuntos administrativos, tome en cuenta su forma de administrar el negocio. Usted podría beneficiarse de un estilo agradable pero firme. Trate de ser franco, honesto y específico. Si le cuesta trabajo ser firme, puede comprometerse a fortalecer ese atributo al participar en un grupo de apoyo o taller de capacitación para poder ser más firme y expresar su voluntad. Este tipo de ayuda se puede conseguir en muchos lugares y bien podría valer la pena invertir el tiempo y dinero.

Conforme mejore su habilidad para ser amigable, flexible y firme, las familias sabrán que usted se preocupa por ellas, pero también que tiene el compromiso de hacer cumplir las pautas de su negocio.

Preguntas a considerar

1. ¿Es usted flexible y justo en su trato de negocios con las familias? ¿Recuerda usted con antelación y de forma amistosa a los miembros de las familias para que no se olviden de lo que usted espera de ellos? ¿Incluye usted a las familias en las decisiones que se toman acerca de las pautas del programa para que ellas entiendan la importancia de dichas pautas y sea más probable que estén de acuerdo con ellas? ¿Es usted justo y consistente al llevar estas pautas a la práctica?

2. ¿Es usted firme, pero demuestra compasión, en su trato con las familias respecto a los asuntos de negocios del programa? ¿Habla usted con el padre u otro miembro de la familia responsable antes que un problema, como el hecho que recojan tarde al niño, se convierta en un problema grave? Cuando sea

necesario, ¿enfrenta usted a tiempo su responsabilidad para cancelar la inscripción de una familia?

3. Una vez que se haya informado, ¿tiene usted una idea realista del rendimiento financiero de su negocio de cuidado infantil? ¿Ha contemplado usted ampliar los servicios para incluir a niños en edad escolar, o bien, cuidado infantil por las noches, los fines de semana o para niños enfermos? ¿Son razonables sus cuotas en comparación con otros programas del mismo tipo y calidad?

4. ¿Ha consultado usted a un experto en asuntos legales acerca de su contrato o convenio entre la familia y el proveedor de cuidado infantil? ¿Tiene algún profesional a quien acudir para pedir consejos legales cuando sea necesario?

5. ¿De qué manera puede usted mejorar su habilidad para ser flexible aunque firme? ¿Cómo puede usted incluir con más eficacia a las familias en el establecimiento, la comunicación y la puesta en práctica de las pautas de negocios del programa?

Obras y materiales de consulta

Libros y artículos

Cunningham, Bruce. "The Good Business of Being Father-Friendly: Does Your Center Welcome Male Customers?" *Child Care Information Exchange* 135 (septiembre/octubre 2000): pág. 70–71.

Ofrece sugerencias para conseguir que los programas de cuidado infantil sean más acogedores para los padres y demás varones que participen en el cuidado infantil de los niños pequeños. Describe seis áreas de servicio que favorecen a los padres.

Fisher, Roger y William Ury. *Getting to Yes: Negotiating Agreement Without Giving In*. Nueva York: Penguin Books, 1991.

Ofrece una estrategia concisa y comprobada para la resolución de conflictos, sin importar si implican a padres y niños, vecinos, jefes y empleados, clientes, empresas, inquilinos o diplomáticos. Se basa en estudios y conferencias efectuadas por el Proyecto de Negociación de Harvard (Harvard Negotiation Project).

Greenman, James. "Living in the Real World—Parent Partnerships: What They Don't Teach You Can Hurt." *Child Care Information Exchange* 124 (noviembre/diciembre 1998): pág. 78–82.

Presenta ejemplos de dificultades a las que se enfrentan los proveedores de cuidado infantil al establecer relaciones de colaboración con los padres y ofrece sugerencias para el establecimiento de relaciones exitosas.

Modigliani, Kathy. *Parents Speak About Child Care,* 2a edición. Boston, MA: Wheelock College Family Child Care Project, 1997.

Analiza las actitudes de los padres y las familias por medio de conversaciones con 23 grupos de enfoque acerca de las experiencias de los padres con el cuidado infantil en nueve ciudades de los Estados Unidos. Analiza videos que se crearon en el proyecto.

Parlakian, Rebecca. *The Power of Questions: Building Quality Relationships with Infants and Families*. Washington, DC: Zero to Three, 2001.

Se enfoca en el trabajo de proporcionar servicios a padres e hijos y explora la manera en que los líderes y los miembros del personal pueden utilizar métodos reflexivos para establecer relaciones de alta calidad con las familias. Proporciona estrategias para establecer límites y mantener las relaciones con las familias y aborda las complejas decisiones que los miembros del personal deben tomar a diario.

Stanley, Diane. "How to Defuse an Angry Parent." *Child Care Information Exchange* 108 (marzo/abril 1996): pág. 34–35.

Ofrece un plan de cuatro pasos para tranquilizar a un padre que esté enojado: escuchar con atención; asegurarse de entender el problema a fondo; reconocer los sentimientos del padre; y explicar el plan de acción.

Materiales audiovisuales

El instinto protector: Trabajando con los sentimientos de los padres y cuidadores. DVD con folleto. Sacramento, CA: Una colaboración entre el Departamento de Educación de California y WestEd, Programa para el Cuidado Infantil (PITC por sus siglas en inglés). http://www.pitc.org.

Los padres hablan con franqueza acerca de sus preocupaciones y de sus emociones y los sentimientos contradictorios que experimentan al llevar a los niños muy pequeños a un programa de cuidado infantil. La obra ofrece a los maestros de cuidado infantil maneras de mitigar las preocupaciones de los padres al expresarse con competencia, honestidad y comprensión. A los maestros de cuidado infantil también se les anima a abordar sus propios sentimientos de incomodidad al recurrir a un proceso de cuatro pasos de tomar consciencia, explorar, obtener información y tomar medidas para abordar la problemática. Se puede obtener en inglés y en español.

Partnerships with Parents. DVD. Washington, DC: National Association for the Education of Young Children. http://www.naeyc.org.

Este DVD, producido por South Carolina Educational Television, presenta de manera dramática la importancia que tiene para los niños la relación entre padres y maestros. También explica cómo establecer y mantener comunicaciones positivas y tratar los problemas a los que se enfrentan comúnmente los maestros cuando trabajan con los padres.

Octavia sección:
Cómo apoyar a las familias en condiciones de estrés

Muchas familias tienen que tratan con situaciones difíciles sin tener la ayuda de la familia extensa ni de otros miembros de su comunidad. También sufren de inestabilidad económica y están expuestas a acontecimientos mundiales que añaden ansiedad a sus vidas. Cuando se combinan estos factores con la vulnerabilidad de los niños de cero a tres años, el cuidado casi constante que requieren y la falta de sueño que afecta comúnmente a los padres de niños muy pequeños, se obtiene como resultado el que muchas familias vivan con demasiado estrés.

Para que el cuidado infantil sirva verdaderamente de apoyo a las familias, los programas deben evitar convertirse en otra causa de estrés para las familias y, en la medida de lo posible, deben ayudar a las familias a encontrar maneras de aliviar el estrés. El papel de un programa no es resolver todos los problemas con que tienen que tratar los padres y las familias, sino trabajar en colaboración con las familias y apoyar su bienestar. Los maestros pueden mitigar las preocupaciones de los miembros de la familia respecto a sus niños al hacerles notar que ellos se están esforzando en ser buenos padres. Los programas también pueden colaborar con las familias en torno a algunos de los aspectos prácticos que provocan el estrés. Lo más importante es que los programas pueden reunir a las familias en una co-

munidad para abordar los problemas que tienen en común.

Algunas de las causas comunes del estrés que experimentan las familias que están inscritas en los programas de cuidado infantil son: la presión provocada por la falta de tiempo (a la cual a veces se le refiere como "el síndrome de la prisa"), las preocupaciones económicas, por el desarrollo adecuado del niño, respecto al programa de cuidado infantil y las crisis familiares. En cada una de estas áreas, hay medidas que los programas pueden tomar para ayudar a las familias. Algunas situaciones también pueden requerir ayuda externa de agencias de intervención o que puedan proporcionan apoyo familiar. El aprender más acerca de las causas comunes del estrés es el primer paso para saber cuáles tipos de ayuda puede ofrecer

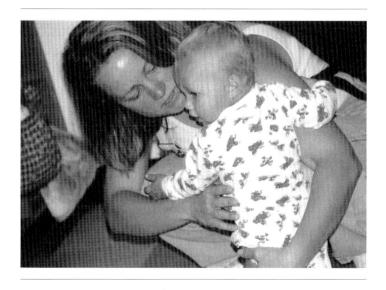

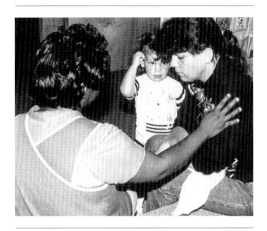

el programa. La ayuda más valiosa será la que le permite a las familias hacerse cargo de sus propios problemas. Al fin y al cabo, el tomar medidas es una manera eficaz de tratar con el estrés. Sin embargo, hay maneras específicas en que los maestros de cuidado infantil pueden ayudar a las familias también.

"El síndrome de la prisa"

Una causa común del estrés entre las familias que usan los programas de cuidado infantil es el llamado síndrome de la prisa, el cual se provoca por el hecho de no tener tiempo suficiente para hacerse cargo de responsabilidades múltiples. Las personas que sufren del síndrome de la prisa sienten que no pueden hacer bien su papel de padres y experimentan a menudo sentimientos de culpa y ansiedad. Ellos se sienten agobiados por sus responsabilidades, sufren de tensión física y a veces se distancian emocionalmente de las demás personas. Dado que un elemento importante del síndrome de la prisa es el sentir que uno no puede hacer bien su papel de padre, puede ser útil que usted tranquilice a una familia, que se siente abrumada, diciéndole que está haciendo bien las cosas. He aquí algunas de las maneras de alentar a los padres u otros miembros de la familia:

- Reconozca la fortaleza y los logros de la familia.

- Muestre respeto e interés hacia la familia.

- Reconozca el esfuerzo de los miembros de la familia por tener que trabajar y cuidar de sus hijos.

- Exprese su aprecio a los miembros de la familia cuando hacen las cosas con consideración y con afán de ayudar.

- Respete los conocimientos sobre la crianza de sus hijos que las familias traen al programa de cuidado infantil.

- Ayude a las familias a sentirse apreciadas y bienvenidas, al valorar sus culturas, idiomas, estilos de vida y habilidades.

- Apoye a las familias para facilitar que cumplan con sus responsabilidades. Por ejemplo, teniendo a sus hijos listos para irse a casa al final del día y recordándoles con antelación acerca de los pagos y demás obligaciones que tengan con el programa.

Los miembros del personal también pueden fomentar que las familias piensen en distintas formas de administrar su tiempo con mayor eficacia, especialmente si los padres son muy jóvenes o si sus familias acaban de comenzar a trabajar durante todo el día. Por ejemplo, a muchas familias les cuesta trabajo salir de sus casa a tiempo por las mañanas. Un taller en el que los miembros de la familia compartan sus sugerencias para evitar los contratiempos por las mañanas podría ayudar a las familias a sentirse más capaces y podría presentar ideas nuevas que podrían mejorar la situación. Una sugerencia útil es que las familias dejen preparado la noche anterior todo lo que necesitan para el día siguiente. Ellas podrían hacer por adelantado, por ejemplo, las siguientes tareas:

- Preparar la ropa y los zapatos de los niños
- Dejar que los niños mayores ayuden a los niños más pequeños a escoger lo que se quieran poner
- Dejar lista una bolsa de pañales con una muda de ropa
- Preparar las cosas necesarias para el desayuno (como el café) y poner la mesa por adelantado

El compartir ideas ayudará a las familias a administrar mejor su tiempo y fomentará las conexiones entre ellas. Usted puede mencionar que los cambios aunque pequeños pueden tener un impacto positivo. Las familias pueden ver que planificar por adelantado con ayuda de toda la familia puede crear un ambiente positivo de cooperación y disminuir el estrés por las mañanas. De manera semejante el tiempo después del trabajo se puede organizar con ayuda de toda la familia.

Los presupuestos limitados

Los aspectos económicos son una causa importante de estrés para muchas familias con niños de cero a tres años. Con frecuencia, las familias que participan en los programas de cuidado y educación de la primera infancia deben hacer sacrificios para poder pagar por recibir un cuidado de alta calidad. Además, las familias que cumplen con los requisitos para recibir subsidios del gobierno estatal o federal generalmente tienen ingresos limitados. Por último, los maestros y proveedores de cuidado infantil, muchos de los cuales son también padres, a menudo tienen las mismas dificultades que las familias del programa para tratar que sus sueldos les alcancen para cubrir sus gastos.

Los programas pueden ayudar a las familias a organizarse para intercambiar servicios de cuidado infantil o para com-

Los maestros de cuidado infantil pueden alentar a las familias a ayudarse las unas a las otras.

prar alimentos u otras provisiones al por mayor, a precios de descuento, y después repartirlas entre las familias. Además, las familias y los miembros del programa se pueden beneficiar de aprender más acerca de cómo administrar su dinero. Las sesiones sobre administración financiera que imparta un especialista en el tema serán mejor recibidas si los miembros de las familias eligen los temas y colaboran en la planificación de las sesiones. Las familias podrían desear aprender más acerca de estos y otros temas:

- Cómo preparar alimentos nutritivos a bajo costo
- Cómo adquirir ropa y enseres domésticos a precios de descuento
- Cómo utilizar los recursos de la comunidad para encontrar vivienda a precios accesibles
- Cómo reparar artículos domésticos
- Cómo descubrir maneras creativas y

económicas de amueblar y decorar su
casa

Las familias sin duda tendrán una
amplia gama de ideas. Los miembros
del personal del programa posiblemente
quieran participar en algunas actividades
con las familias, como en intercambios
de ropa o juguetes de segunda mano o
en un jardín comunitario. Para algunos
miembros de la familia, el trabajar con
otras familias podría ser la manera más
eficaz de ayudarles a sentirse vinculados a
la comunidad del programa y tener menos
estrés en sus vidas.

Las preocupaciones de las familias acerca del desarrollo de su hijo

Las familias de los niños de cero a
tres años con frecuencia experimentan
ansiedad respecto al desarrollo de su
hijo. Aquellas que llegan al programa
con niños que padecen alguna discapacidad o tienen necesidades especiales, con
frecuencia se sienten ansiosos acerca de

la disposición o capacidad del programa para ayudar a su hijo a desarrollarse
plenamente. Cuando un niño muy pequeño tiene alguna discapacidad u otras
necesidades especiales, la familia del
niño podría estar todavía en una etapa de
adaptación, experimentando tristeza, la
negación u otros sentimientos intensos,
además de intentar asimilar la posibilidad
de necesitar recurrir a servicios de intervención temprana para su hijo. El instinto
protector y otras de las emociones que
las familias sienten podrían intensificarse
en esta situación particular, dado que los
bebés y los niños pequeños que les están
confiando a los maestros de cuidado infantil son a menudo más vulnerables que
los demás niños con un desarrollo típico.

La incertidumbre acerca del bienestar
de un niño puede ser extremadamente angustiante para los miembros de la
familia. Cada programa debe tener un
plan para apoyar tanto al niño como a su
familia cuando existan preocupaciones
acerca del desarrollo del niño. Además de
compartir información y puntos de vista,
los miembros de la familia y los maestros
de cuidado infantil deben tener acceso
a especialistas que puedan proporcionar
asesoría adicional cuando sea necesario.
También puede asegurar a las familias
que usted y otros miembros del personal
estarán a su disposición para ayudarles
y que pueden colaborar en equipo con
especialistas médicos y del desarrollo
conforme sea necesario.

Una familia con un niño de cero a
tres años con un desarrollo típico también podría tener emociones y ansiedad
intensas respecto al desarrollo de su hijo.
Los sentimientos contradictorios respecto
a colocar a un bebé tierno en un programa
de cuidado infantil podría aumentar las
preocupaciones de la familia respecto al
desarrollo del bebé. Usted puede ayudar
a los padres y a otros miembros de la fa-

milia que se sientan preocupados compartiendo información acerca de las edades y las etapas de la infancia y señalando que los niveles de desarrollo varían incluso entre los niños de la misma edad. Sin embargo, al desear reconfortar y tranquilizar a los miembros de la familia, tenga cuidado de no minimizar la posibilidad de que el niño pudiera tener un desarrollo atípico o tener alguna discapacidad.

Otra causa común de estrés para la familia es la necesidad de adaptarse a cambios en el comportamiento del niño. Las familias con frecuencia no se encuentran preparadas para la siguiente etapa del desarrollo del niño. Por ejemplo, cuando los niños crecen, abandonando la primera infancia, exhiben una nueva gama de conductas: tienden a acurrucarse con menor frecuencia y se convierten en exploradores que se meten en todas partes. Conforme los bebés se convierten en niños de dos años y adquieren cierta independencia,

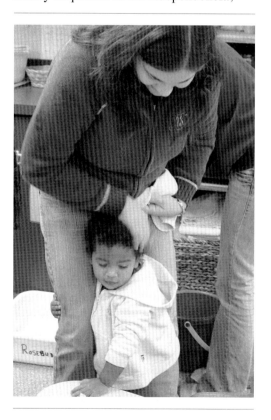

los miembros de la familia deben adaptarse a las habilidades crecientes de sus hijos. Esta etapa nueva puede ser difícil para las familias, especialmente si creen que su hijo de dos años es el único que se comporta de "esa manera". Ellos podrían pensar que hay un problema con el niño, con su estilo de crianza, o con ambos.

Usted puede ayudar a las familias a aprender más acerca de las etapas típicas del desarrollo infantil al proporcionar información de maneras diversas. Los videos y DVDs son una fuente predilecta de información, ya que las familias los pueden ver cuando así deseen, en su casa. (Una lista de videos en formato DVD que podrían interesar a las familias se incluye al final de esta sección.) Los artículos cortos también pueden ser de utilidad para las familias. Sin embargo, es importante proporcionar información en formas variadas. En general, el aprendizaje más eficaz proviene de participar en actividades y realizar descubrimientos con otras personas, como por ejemplo, una conversación que se lleve a cabo entre un maestro y un miembro de la familia mientras los dos observan a los niños en el programa. Otra manera eficaz de compartir información con las familias acerca del desarrollo infantil es formando grupos de discusión, los cuales pueden proporcionar un apoyo valioso e información a las familias que experimentan estrés.

El desarrollo infantil es un área en la que los maestros y los proveedores de cuidado infantil están particularmente capacitados para colaborar con las familias. Los maestros y proveedores de cuidado infantil con experiencia suelen tener una visión clara sobre las diferencias entre el desarrollo infantil típico y el atípico, pues podrían tener muchos años de experiencia trabajando con niños con habilidades, temperamentos y características distintas. Ellos también saben lo valioso que es obtener información de los padres y otros miembros de la familia acerca de los niños.

Por ejemplo, una maestra cuidaba a un niño de dos años llamado Miguel, cuyo temperamento era cauteloso, que provenía de un hogar donde se hablaba el idioma tagaló. La maestra era bilingüe y dominaba el inglés y el español. Ella observó que Miguel aún no hablaba en el salón y parecía ser muy reservado. Por medio de conversaciones regulares con la tía de Miguel, la maestra se enteró que Miguel hablaba mucho en casa en tagaló y que le encantaba jugar con agua. Cuando supo que Miguel era verbal en casa, se dejó de preocupar acerca de que tuviera algún retraso en su desarrollo y se dio cuenta que él necesitaba sentirse más cómodo antes de comunicarse libremente en el programa. Ella invitó a las personas cuya lengua materna era tagaló a visitar el salón y se esforzó para aprender unas palabras y frases en tagaló. Poco a poco, con el uso de palabras y frases sencillas que había aprendido ella consiguió que Miguel se abriera más y se sirvió del juego con agua, para ayudarle a establecer relaciones con otros niños.

Al combinar sus propios conocimientos con los conocimientos que la familia tiene del niño, usted puede establecer una colaboración para fomentar el desarrollo saludable de cada niño.

Una madre siempre se preocupa por su bebé

A continuación se presenta un ejemplo en el cual una proveedora de cuidado infantil ayuda a una madre que se siente angustiada durante su primera visita al programa de cuidado infantil.

> Susana llega al programa de cuidado infantil en el hogar con su bebé, Carrie, en brazos. Kelly ve que Susana se encuentra muy estresada. Ella saluda cordialmente tanto a Susana como a Carrie. Carrie parece no responder.
>
> *KELLY:* ¿Querría dejar a Carrie sentarse en el suelo y jugar con este juguete?
>
> *SUSANA:* No, sólo la voy a tener en brazos. A ella le gusta estar siempre cerca de mí.
>
> Kelly supone que Carrie tiene como nueve meses de edad y le asegura a Susana que a los nueve meses, a muchos bebés les gusta estar cerca de sus madres. Susana parece relajarse un poco al escuchar que el apego de su bebé es típico.
>
> Kelly piensa que hay algo más que podría estar inquietando a Susana, pero ella espera hasta que Susana se sienta cómoda para hablar acerca de ello.
>
> Varias semanas después, Susana siente suficiente confianza con Kelly para expresar una ansiedad más profunda. Ella cree que el desarrollo de Carrie está retrasado. Carrie aún no se voltea, gatea ni muestra interés en los juguetes. Kelly está de acuerdo que estos hitos del desarrollo generalmente ocurren alrededor de los nueve meses, pero no siempre, y tranquiliza a Susana diciéndole que es importante prestar atención desde el principio a las preocupaciones respecto al desarrollo.

Las preocupaciones acerca de la situación del cuidado infantil: la comprensión, la competencia y la honestidad

Las familias que recurren al cuidado infantil con frecuencia experimentan ansiedad acerca de la salud y la seguridad de sus hijos. Ellos podrían hacer preguntas como estas: ¿Recibe suficiente atención mi bebé, o se le deja sólo en su cuna? ¿Recordarán los maestros de cuidado infantil la alergia a ciertos alimentos de mi hijo? ¿Responderá el maestro de cuidado infantil a mi bebé oportunamente cuando llore?

Como maestro de cuidado infantil, usted no debe tomarse a nivel personal estos sentimientos intensos, aunque sí debe tomarlos en serio. La ansiedad que sienten las familias cuando llevan a su niño de cero a tres años a un programa de cuidado infantil puede impedir que se cree confianza entre las familias y los cuidadores. Dicha confianza es muy importante para el bienestar del niño, la familia del niño y los miembros del personal del programa. Los programas de cuidado infantil necesitan adoptar prácticas para tratar con los sentimientos de cada familia de una manera reconfortante. (Vea el apéndice E si desea más información.)

Cuando los programas de cuidado infantil utilizan diariamente estrategias respaldadas por las investigaciones, respecto a la comprensión, la competencia y la honestidad, ayudan a aliviar la ansiedad de las familias respecto a recurrir al cuidado infantil. Estas estrategias son eficaces con todas las familias, tanto aquellas que llevan tiempo en el programa como aquellas que sienten preocupación por sus hijos cuando ingresan al programa.

La primera práctica, **la comprensión**, incluye reconocer que las familias a menudo continúan sintiéndose intranquilas a cerca de recurrir a un programa de cuidado infantil, aunque no expresen su ansiedad directamente. Usted demuestra comprensión cuando escucha con sensibilidad las preocupaciones de una familia respecto al desarrollo de su hijo y también cuando responde con compasión. Por ejemplo, cuando usted ofrece a una

familia con preocupaciones el nombre de una clínica que haga evaluaciones para detectar discapacidades, estará exhibiendo comprensión y competencia.

Las familias se sentirán más tranquilas cuando perciban indicios constantes de su **competencia**. Asegúrese que las familias tengan acceso al entorno del programa cuando vayan a dejar a sus hijos. Señale las medidas preventivas de salud y seguridad, nuevas o actualizadas, que se hayan adoptado en el programa. Dé a los miembros de las familias ejemplos específicos de las maneras en que usted protege la seguridad de sus hijos, como la barrera de almohadas que colocó en el piso para proteger a los bebés, y cómo a los bebés mayorcitos les encanta asomarse por encima de la separación para "hablar" con los niños más pequeños. Invite a las familias a visitar sin previo aviso, más allá del periodo inicial de ajuste y notifíqueles siempre de cualquier golpe o moretón que se hagan los bebés mayorcitos, cuando se vuelven más activos.

Usted puede exhibir **honestidad** al compartir con los miembros de la familia acerca de los incidentes donde hubo contratiempos. Por ejemplo, dígale a una ma-

dre que acaba de regresar de unas largas vacaciones con la familia que su bebé sí lloró un poco después que lo dejaron en el programa de cuidado infantil esa mañana. Mencione que se creó bastante desorden cuando usted y los niños sacaron las semillas de la calabaza, pero que todos se divirtieron. Estas son expresiones de su honestidad. (Para aprender más acerca de ese tema, vea el DVD del Programa para el cuidado infantil, *El instinto protector: trabajando con los sentimientos de los padres y cuidadores*).

Algunos maestros podrían considerar que se está esperando demasiado de ellos al pedirles que hagan un buen trabajo y además que hablen con las familias acerca de los detalles del día. Sin embargo, los sentimientos de buena voluntad y

---

Mantenga contacto con profesionales de la salud mental que puedan ayudar a los niños, los miembros de la familia y miembros del personal que parezcan especialmente tristes, estresados, impredecibles o irritables durante un tiempo prolongado.

---

confianza que se crean gracias a estas conversaciones, bien merecen el esfuerzo. Las familias no necesariamente desconfían del maestro, pero con frecuencia manifiestan su gran deseo de tener garantías que sus hijos están siendo protegidos. Cuanta más información proporciona voluntariamente un maestro, menores dudas tendrá la familia acerca del cuidado que recibe su hijo. Cabe señalar que los maestros de cuidado infantil deben demostrar de forma explícita su comprensión, competencia y honestidad, no sólo poseer dichas cualidades. Por ejemplo, cuando una madre tenga miedo que su hijo no reciba sus medicamentos, el maestro puede tranquilizar la preocupación de la madre al recordar darle al niño su medicina, al expresar que entiende la importancia de hacerlo, al demostrar competencia para dar la dosis adecuada a la hora designada y al anotar correctamente la hora a la que le dio la medicina al niño. Esta demostración explicitita no necesita ser siempre verbal. Un maestro puede demostrarle a la madre de la niña que existe un sistema para darle seguimiento a las necesidades especiales de cada niño (para demostrar su competencia), colocando, por ejemplo, una nota sobre un tablero de corcho al interior de la puerta de la despensa, para proteger la confidencialidad (para demostrar comprensión) y que hizo una anotación en el registro del niño para documentar que le costó trabajo lograr que el niño tomara su medicina (para demostrar su honestidad).

Nadie es perfecto, y los profesionales de cuidado infantil tienen que recordar y hacerse cargo de muchas cosas todos los días. Un maestro de cuidado infantil podría cometer un error grave, como olvidarse que un niño es alérgico a la leche, o un error menor, como perder el calcetín de un bebé. Hasta en los entornos más seguros y ejemplares, suceden los accidentes y se cometen errores, aunque deberían ocurrir con menor frecuencia y ser menos graves si los maestros de cuidado infantil prestan la atención necesaria. En situaciones en que las cosas hayan sucedido con contratiempos, su honestidad acerca de ellas les dará la confianza a las familias de que usted no está ocultando información y que es digno de confianza.

Las crisis familiares

La vida familiar puede ser exigente, especialmente para las personas que tienen que mantener equilibradas múltiples responsabilidades. A veces, los miembros de la familia quieren hablar con alguien que los vea como individuos y no simplemente como padres. Las familias con frecuencia aprecian el apoyo amistoso del maestro de cuidado infantil del niño, como una persona que puede reconocerlos como seres humanos que se esfuerzan, tienen demasiadas responsabilidades y ellos se merecen la compasión del maestro aunque a veces fallan cuando llegan tarde a recoger a su hijo. El escuchar a los padres y los miembros de la familia hablar acerca de sus sentimientos es una excelente manera de ayudarles a disminuir el estrés. Además, los maestros de cuidado infantil y los líderes del programa

pueden ayudar a las familias si adoptan estas medidas:

- Vincular a las familias con preocupaciones similares, asegurándose que el programa mantenga la confidencialidad de las familias involucradas.

- Alentar a un grupo de familias con problemas semejantes a que se reúnan de manera informal.

- Ofrecer un grupo de apoyo familiar dirigido por un profesional de salud mental en las instalaciones del programa.

Muchas familias funcionan bien y permanecen unidas hasta que ocurre una crisis. En ocasiones, una situación como una enfermedad grave, la muerte de un miembro cercano de la familia o la pérdida de trabajo pueden convertirse en una crisis que amenaza la capacidad de la familia de permanecer unida. La crisis puede actuar como válvula emocional mediante la cual se liberan sentimientos reprimidos. Cuando un maestro de cuidado infantil percibe que una familia está experimentando una crisis, lo mejor es referir a la familia a un especialista en terapia de crisis. Una parte importante de ser un maestro de cuidado infantil es poner a las familias en contacto con personas que puedan ayudarles.

Las agencias que ayudan a las familias

Los directorios telefónicos y el Internet generalmente incluyen una lista de servicios para familias y niños bajo la categoría de "Organizaciones de servicio social" ("Social Service Organizations") y "Agencias de Bienestar Social" ("Welfare Agencies"). Usted puede buscar en la mayoría de los directorios telefónicos o el Internet para encontrar los siguientes recursos:

Puede ser difícil proporcionar cuidado a niños y familias que han vivido (o están viviendo) experiencias traumáticas. Sin embargo, su asistencia es valiosa, dado que las familias que viven una crisis necesitan lugares protegidos y cariñosos para sus hijos.

1. **Servicios de emergencia.** Vea el reverso de la portada del directorio telefónico, o llame al 911.

2. **Servicios de cuidado infantil.** Busque bajo las siguientes categorías:

   - Centros de cuidado infantil (Child Care Centers)
   - Servicios de asesoría e información acerca del cuidado infantil (Child Care Consulting and Information Services)
   - Organizaciones de servicio social (Social Service Organizations)
   - Agencias de bienestar social (Welfare Agencies)

3. **Consejeros infantiles o sobre relaciones familiares.** Busque bajo las siguientes categorías:

   - Terapeutas matrimoniales y familiares (Marriage and Family Therapists)
   - Terapeutas matrimoniales, familiares e infantiles (Marriage, Family, and Child Counselors)
   - Servicios de Salud Mental (Mental Health Services)
   - Médicos (Physicians), subcategoría Psquiatría (Psychiatry)
   - Psicólogos (Psychologists)

- Organizaciones de servicio social (Social Service Organizations)
- Trabajadores sociales (Social Workers)
- Agencias de bienestar social (Welfare Agencies)

4. **Preparación para el parto o consejos durante el embarazo.** Busque bajo estas categorías:

   - Asesores educativos (Educational Consultants)
   - Información sobre la planificación familiar (Family Planning Information)
   - Servicios de salud para madres y niños (Maternal Child Health Services)
   - Organizaciones de servicio social (Social Service Organizations)
   - Programa de nutrición para mujeres, bebés y niños (Women, Infants, and Children Nutrition Program, o WIC, por sus siglas en inglés)

5. **Asistencia para el divorcio.** Busque bajo estas categorías:

   - Servicio de referencias de abogados (Attorney Referral Service)
   - Abogados (Attorneys)
   - Servicios personales (Personal Services)
   - Organizaciones de servicio social (Social Service Organizations)

6. **Asesoría legal.** Busque bajo estas categorías:

   - Servicio de referencias de abogados (Attorney Referral Service)
   - Abogados (Attorneys)
   - Sociedad de Asistencia Legal (Legal Aid Society)
   - Organizaciones de servicio social (Social Service Organizations)

7. **Orientación financiera o asesoría para el presupuesto familiar.** Busque bajo las siguientes categorías:

- Organizaciones de servicio social (Social Service Organizations)
- Agencias de bienestar público (Welfare Agencies)

8. **Líneas telefónicas informativas.** Los siguientes servicios telefónicos (o aquellos semejantes) están a su disposición en muchas localidades:

- Intervención para el alcoholismo (Alcoholism Intervention)
- Servicio de referencias de abogados (Attorney Referral Service)
- Línea apoyo por el maltrato infantil (Child Abuse Lifeline)
- Información y referencias sobre salud infantil (Child Health Information and Referral)
- Servicios de protección infantil (Children's Protective Services)
- Línea informativa por violencia doméstica (Domestic Violence Hotline)
- Familias en condiciones de estrés (Families Under Stress)
- Sociedad de Asistencia Legal (Legal Aid Society)
- Asistencia legal para niños (Legal Assistance for Children)
- Información y referencias de salud mental (Mental Health Information and Referral)
- Centro de Trauma Sexual (Sexual Trauma Center)
- Línea informativa sobre el consumo excesivo de drogas y alcohol (Substance Abuse Hotline)
- Prevención del suicidio (Suicide Prevention)
- Línea telefónica de ayuda para jóvenes en crisis (Youth Crisis Line)

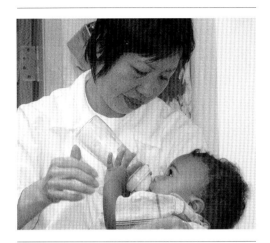

Cómo proporcionar apoyo a los maestros de cuidado infantil

Los factores de estrés que las familias del programa experimentan con frecuencia pueden afectar a los maestros de cuidado infantil. Los sentimientos de preocupación, ansiedad, compasión y fatiga son tan sólo algunas de las emociones que experimentan los maestros de cuidado infantil al dar cariño a los niños, proporcionar apoyo a las familias y hacerse cargo de sus propias vidas. Además de alentar a los maestros a que hablen con sus colegas y recurran al proceso de cuatro pasos para tratar sus sentimientos (consulte el DVD del PITC, *El instinto protector: trabajando con los sentimientos de los padres y cuidadores*), los programas se pueden beneficiar al ofrecer oportunidades a los miembros del personal para la supervisión reflexiva y el acceso a servicios de salud mental cuando sea necesario. Los proveedores de cuidado infantil en el hogar pueden participar en grupos de apoyo de una asociación de programas de cuidado infantil en el hogar. De manera semejante, las familias y los maestros se pueden reunir para dialogar sobre las maneras en que se pueden dar apoyo mutuor.

Al trabajar en una comunidad, los miembros del personal del programa y las familias pueden encontrar los recursos para apoyar a todos aquellos que estén vinculados con el programa. Cuando colaboran para controlar el estrés, tanto usted como las familias volverán a sentirse competentes, cómodos y conectados entre sí.

Preguntas a considerar

1. ¿Por qué es importante que los programas den apoyo a las familias que experimentan el estrés? ¿Cómo puede usted ayudar a los miembros de la familia a tener la autoestima que necesitan para tratar con el estrés? ¿Cómo puede usted aprender a escuchar mejor a padres y miembros de la familia que posiblemente no tengan a nadie con quien hablar?

2. ¿Cuáles son algunas de las maneras de fomentar la participación de los miembros de la familia en el programa para disminuir las presiones que pudieran tener? ¿Cómo puede usted fortalecer las cualidades y habilidades de las familias en su programa? ¿De qué maneras puede usted alentar a las familias a ayudarse unas a otras?

3. ¿Cómo puede usted ayudar a las familias que se encuentran en condiciones de estrés a encontrar maneras eficaces de administrar su tiempo y su dinero?

4. ¿Ofrece usted información e inicia conversaciones acerca del desarrollo infantil con los miembros de la familia? ¿Tranquiliza con su generosidad a los miembros de la familia que se sienten ansiosos acerca de su programa de cuidado infantil? ¿Sugiere usted que los miembros de la familia se sienten a hablar con usted siempre que existan fricciones o problemas sin resolver?

5. ¿Es abierto y amistoso su programa y proyecta un tono emocional tranquilo y relajante? ¿Es accesible su programa a las personas con discapacidades? ¿Podría usted hacerlo más cómodo, por ejemplo, al exhibir fotografías y demás artículos que representen los hogares y las culturas de las familias del programa, por medio del uso de colores tranquilizantes, muebles acogedores e instalando iluminación tenue?

Obras y materiales de consulta

Libros y artículos

Brazelton, T. Berry. *Working and Caring*. Boston, MA: Addison-Wesley Longman, 2000.
Proporciona información útil a padres que trabajan y a cuidadores acerca de los tipos de estrés que experimentan los padres que trabajan.

Brazelton, T. Berry, y Stanley I. Greenspan. *The Irreducible Needs of Children: What Every Child Must Have to Grow, Learn, and Flourish*. Boulder, CO: Perseus Book Group, 2000.
Explora siete necesidades de los bebés y los niños pequeños, haciendo hincapié en que si las familias y los cuidadores profesionales satisfacen dichas necesidades, los niños tendrán las bases necesarias para adquirir las habilidades emocionales, sociales e intelectuales.

Copeland, Margaret Leitch, y Barbara S. McCreedy. "Creating Family-Friendly Policies: Are Child Care Center Policies in Line with Current Family Realities?" *Child Care Information Exchange* 113 (enero/febrero 1997): pág. 7–10.
Aborda temas actuales, como la reducción de la fuerza laboral en las empresas, los horarios de trabajo flexibles, las familias combinadas y el efecto que estos tienen en la creciente necesidad de

cuidado infantil. La publicación sugiere que los programas de cuidado infantil actualicen sus pautas al analizar las actitudes del personal, evaluar las pautas de la inscripción y ofrecer mayor flexibilidad y apoyo a los padres.

Greenman, James. "Living in the Real World—Parent Partnerships: What They Don't Teach You Can Hurt". *Child Care Information Exchange* 124 (noviembre/diciembre 1998): pág. 78–82.

Presenta ejemplos de las dificultades a las que se enfrentan los proveedores de cuidado infantil al establecer relaciones de colaboración con los padres y ofrece sugerencias para establecer con éxito estas relaciones.

Lee, L. *Stronger Together: Family Support and Early Childhood Education*. San Rafael, CA: Parent Services Project, 2006.

Un currículo evaluado a nivel nacional, desarrollado por el Parent Services Project para ayudar a los cuidadores a dar apoyo a las familias jóvenes. Los líderes de los proveedores de cuidado infantil aprenden a cambiar la manera en que ellos mismos y sus programas prestan ayuda a las familias. La publicación se centra en el fortalecimiento de las relaciones entre los proveedores de cuidado de la primera infancia y los padres, con el entendimiento que la familia es el factor constante en la vida del niño.

Pawl, Jeree, y Amy Laura Dombro. *Learning & Growing Together with Families: Partnering with Parents to Support Young Children's Development*. Washington, DC: Zero to Three, 2001.

La obra está diseñada para ayudar a los cuidadores infantiles a fomentar el desarrollo saludable del niño al establecer relaciones de colaboración respetuosas con los padres. Esta obra está basada en *Learning & Growing Together: Understanding and Supporting Your Child's Development*, publicado anteriormente por la autora, hace hincapié en la necesidad de los proveedores de reflexionar acerca de su trabajo, ser conscientes de los factores que han influido en sus puntos de vista y comprender a las personas con quienes trabajan.

Stanley, Diane. "How to Defuse an Angry Parent". *Child Care Information Exchange* 108 (marzo/abril 1996): pág. 34–35.

Ofrece un plan de cuatro pasos para disminuir el enojo de un padre: escuchar con atención; asegurarse de entender el problema a fondo; reconocer los sentimientos del padre; y explicar el plan de acción.

Warren, R. M. *Caring: Supporting Children's Growth*. Washington, DC: National Association for the Education of Young Children (NAEYC), 1977.

Sugiere maneras de ayudar a los niños a tratar con diferentes desafíos durante su crecimiento, incluyendo el divorcio, el maltrato y la muerte. Se puede conseguir de: NAEYC, 1313 L Street NW, Suite 500, Washington, DC 20005. Teléfono: 202-232-8777. http://www.naeyc.org.

Materiales audiovisuales

Con respeto: El enfoque de Magda Gerber para cuidados infantiles profesionales. DVD con folleto. Sacramento, CA: Una colaboración entre el Departamento de Educación de California y WestEd, Programa para el cuidado infantil (PITC por sus siglas en inglés). http://www.pitc.org/.

Presenta una entrevista con Magda Gerber, una especialista en cuidado infantil, que ofrece un panorama de su filosofía acerca del cuidado infantil, la cual hace hincapié en respetar y dar plena atención a los niños de cero a tres años. Se puede obtener en inglés y en español.

Descubrimientos de la infancia: Desarrollo cognitivo y del aprendizaje. DVD con folleto. Sacramento, CA: Una colaboración entre el Departamento de Educación de California y WestEd, Programa para el cuidado infantil (PITC por sus siglas en inglés). http://www.pitc.org/.

Ilustra seis descubrimientos de la infancia: la permanencia de los objetos, la causa y el efecto, el uso de las herramientas, la imitación, el espacio y la mejor manera de usar las cosas. Ofrece sugerencias acerca de cómo los cuidadores pueden apoyar el desarrollo cognitivo. Se puede obtener en inglés y en español.

El comenzar de la comunicación: Facilitando el desarrollo del lenguaje. DVD con folleto. Sacramento, CA: Una colaboración entre el Departamento de Educación de California y WestEd, Programa para el cuidado infantil (PITC por sus siglas en inglés). http://www.pitc.org/.

Describe el potencial inherente en un bebé para aprender el lenguaje y destaca que la comunicación temprana se deriva de la familia y la cultura del niño. Presenta diez estrategias para facilitar el desarrollo del lenguaje. Se puede obtener en inglés y en español.

El siguiente paso: Incluir el bebé en el currículo. DVD con folleto. Sacramento, CA: Una colaboración entre el Departamento de Educación de California y WestEd, Programa para el cuidado infantil (PITC por sus siglas en inglés). http://www.pitc.org/.

Ofrece investigaciones, teorías y prácticas de cuidado infantil comprobadas que apoyan el aprendizaje óptimo de los niños menores de tres años. Se puede obtener en inglés y en español.

Flexible, cauteloso, o inquieto: Los temperamentos de infantes. DVD con folleto. Sacramento, CA: Una colaboración entre el Departamento de Educación de California y WestEd, Programa para el cuidado infantil (PITC por sus siglas en inglés). http://www.pitc.org/.

Explora varios estilos de temperamento de los niños de cero a tres años. Agrupa las 9 características del temperamento en tres estilos de temperamento (flexible, cauteloso e inquieto) y describe las técnicas para tratar a los niños de cero a tres años con temperamentos distintos. Se puede obtener en inglés y en español.

Las edades de la infancia: Cuidando a bebés tiernos, que se movilizan y mayorcitos. DVD con folleto. Sacramento, CA: Una colaboración entre el Departamento de Educación de California y WestEd, Programa para el cuidado infantil (PITC por sus siglas en inglés). http://www.pitc.org/.

Divide a la infancia en tres etapas de desarrollo relacionadas: los bebés tiernos (del nacimiento a los ocho meses); los bebés móviles (de seis a dieciocho meses); y los bebés mayorcitos (de dieciséis a treinta y seis meses). Describe las maneras en que los cuidadores pueden ayudar a los bebés con los aspectos de la seguridad, la exploración y la identidad en cada una de las tres etapas del desarrollo. Se puede obtener en inglés y en español.

Referencias bibliográficas

Departamento de Educación de California y WestEd, Programa para el cuidado infantil (PITC por sus siglas en inglés). *El instinto protector: Trabajando con los sentimientos de los padres y cuidadores.* DVD. Sacramento, CA: Departamento de Educación de California y WestEd.

Novena sección:

Cómo tratar con los temas difíciles

Cualquier situación incómoda se puede evitar mediante el uso de las estrategias recomendadas en secciones anteriores de esta guía. Sin embargo, es posible y probable que surjan temas difíciles en cualquier programa de cuidado infantil. Los problemas más graves generalmente no suceden frecuentemente, pero cuando suceden, deben atenderse de inmediato. Para tratarlos con éxito, el maestro de cuidado infantil necesita ser sensible, pensar con claridad, tener buenas habilidades para la comunicación y buena voluntad. Además, el programa debe asegurarse de cumplir con todos los requisitos estatales y locales.

La habilidad para abordar y hablar de temas delicados de manera constructiva es una necesidad para los profesionales del cuidado infantil. Los temas más comunes tienen que ver con la salud del niño, su bienestar, su desarrollo y su conducta. Si usted comparte diariamente sus buenos sentimientos e información positiva con las familias, establecerá las bases para la confianza y esto le facilitará hablar acerca de los temas difíciles cuando sea necesario. Recuerde que siempre que tenga sentimientos intensos acerca de un padre o miembro de la familia, sus probabilidades de aclarar satisfactoriamente esos sentimientos aumentarán si utiliza el proceso de cuatro pasos que se explica en la quinta sección y en el apéndice D de esta publicación.

Las lesiones leves y las enfermedades

Una responsabilidad que puede ser muy incómoda para los maestros de cuidado infantil y los proveedores es notificar a los miembros de la familia que un niño se ha hecho daño o se ha enfermado en el programa de cuidado infantil. Cualquier accidente, especialmente uno que resulte en un chichón, hinchazón, sangre abundante o el llanto durante más de un minuto o dos, debe reportarse de inmediato al padre o los miembros responsables de la familia. También se le debe llamar

a la familia siempre que un niño tenga síntomas de enfermedad, como fiebre, urticaria, diarrea, mucha irritabilidad u otros indicios serios de incomodidad o malestar. Salvo en situaciones de emergencia, es necesario que un miembro de la familia con responsabilidad tome una decisión acerca de si el niño deba recibir atención médica. El miembro de la familia también necesitará llevarse el niño a casa a menos que el programa sea capaz de proporcionar cuidado a los niños enfermos.

Un padre que trabaja puede sentirse molesto cuando se le llame para notificarle una enfermedad o lesión de su hijo. Él o ella pueden responder con ansiedad, enojo, impaciencia o depresión. No debe tomárselo de forma personal si un padre o miembro de la familia tiene una respuesta negativa a este tipo de información y no suponga que su reacción signifique que el miembro del la familia no se preocupe por el niño. Las familias que trabajan se encuentran presionadas para mantener el equilibrio entre cuidar a los miembros de la familia y cumplir con las exigencias de sus trabajos. Aunque la principal preocupación del miembro de la familia es generalmente el bienestar del niño, a algunos miembros de la familia les podría preocupar mucho poder conservar sus trabajos. Ellos podrían estar en medio de un proyecto importante, se les podrían haber acabado los días de permiso por enfermedad, para atender emergencias como esta, o podrían haber recibido una advertencia de su patrón de que estaban faltando mucho al trabajo. Su llamada podría ser la gota que derramó el vaso. Una cosa más con qué lidiar que hace la situación intolerable.

En caso de un accidente, el personal del programa que sepa más sobre el incidente debe estar preparado para explicar en detalle cómo ocurrió. La mejor manera de abordarlo es tranquilizar al miembro de la familia acerca de la situación y luego decir algo que exprese comprensión respecto a su situación laboral. Por ejemplo, usted podría decir algo como esto: "Emma está bien. Esto no es una emergencia, pero ella se cayó de la resbaladilla pequeña y tiene un chichón bastante grande en la cabeza. Lamento tener que llamarle al trabajo. Ella parece estar bien, pero quería notificarle en caso que la quisiera llevar al médico". Su explicación demuestra preocupación tanto por Emma como su madre y le da a ésta última la información que necesita para decidir qué hacer.

Usted puede expresar su honesta preocupación y lamentar que se haya lastimado el niño, pero recuerde que no es necesario disculparse demasiado. Siempre y cuando se haya estado supervisando bien a los niños en un ambiente seguro, en el momento del incidente, la mayoría de las familias entenderán que los accidentes suceden y que no es necesario echarle la culpa a nadie. Por supuesto, si usted descubre que tiene que hacer llamadas semanales o mensuales para informar sobre accidentes, podría ser un indicio de que o bien sus procedimientos de seguridad o bien el ambiente necesitan mejorar. Además, si el mismo niño tienen accidentes con frecuencia, esto podría indicar que el niño tiene algún problema que se necesita explorar o bien que el niño necesita apoyo adicional.

Las preocupaciones acerca de la salud y el desarrollo

Los maestros de cuidado infantil observan a muchos bebés pasar por las distintas etapas de la primera infancia. Como resultado de su trabajo con tantos niños, los maestros de cuidado infantil con experiencia se dan cuenta cuando un niño parece manifestar algún problema de desarrollo. Por ejemplo, si un bebé aún no ha aprendido a voltearse para los nueve meses de edad, el maestro de cuidado infantil debe consultar a los miembros de la familia del niño. He aquí algunos pasos a tomar antes y después de este tipo de reunión con la familia:

- Establecer un proceso para efectuar evaluaciones del desarrollo de cada niño con regularidad. Estos se deben hacer conjuntamente entre las familias y los miembros del personal del programa.

- Si un maestro o miembro de la familia tiene alguna inquietud, tenga una reunión con la familia y los miembros del personal del programa que trabajen más estrechamente con el niño. Cualquier conversación seria acerca del desarrollo del niño debe incluir a ambos padres (cuando sea posible y adecuado) y a cualquier otro adulto que sea responsable del niño.

- Encuentre un lugar tranquilo donde usted y los miembros de la familia puedan intercambiar información e ideas sin distracciones.

- Reflexione acerca de esta familia en particular y piense acerca de cómo puede apoyar al niño con el conocimiento que tiene acerca de las fortale-zas, habilidades y logros de la familia y de su punto de vista.

- Recuerde que el escuchar activamente demuestra respeto y le concede la mejor oportunidad para obtener información clave.

- Inicie la conversación preguntando a los miembros de la familia acerca de lo que piensan respecto al desarrollo del niño.

- Al hacer preguntas acerca de los avances del niño, subraye las ventajas de prestar atención desde el principio a los posibles problemas con su desarrollo.

Con frecuencia, los padres o miembros de la familia ya están preocupados acerca del desarrollo de su hijo cuando un maestro pide reunirse con ellos, por lo que es un alivio para la familia poder dialogar sobre el tema. Sin embargo, una familia podría sentir que no es necesaria una intervención y que el niño no necesita ninguna ayuda especial. En ese caso, usted debe aceptar la postura de la familia, pero debe seguir compartiendo información y estableciendo la confianza con sus miembros. Es posible que la familia acceda a hablar de sus preocupaciones en el futuro.

Si los miembros de la familia comparten sus preocupaciones acerca del desarrollo del niño, ellos probablemente querrán saber qué es lo que ellos pueden hacer. Usted debe prepararse por adelantado para proporcionar detalles acerca de los recursos disponibles: los datos (números de teléfono, direcciones, etc.); los costos, los requisitos y si hay cupo en el programa, etc.

En estas situaciones, las familias a menudo no tienen conocimiento de los servicios de educación especial que tienen a su disposición por ley. Usted puede sugerir que se comuniquen con la agencia correspondiente para que les hagan una entrevista o evaluación del desarrollo. Dependiendo de la comunidad, esta agencia podría ser un centro de recursos para familias, un centro regional para personas con discapacidades u otras necesidades especiales o el distrito escolar de la localidad. Usted también podría sugerir que los miembros de la familia hablen de sus preocupaciones con su pediatra y pidan referencias de un especialista, en caso que sea lo indicado. Asegure a la familia que usted entiende los sentimientos de ansiedad que tienen y la incertidumbre que acompaña estas situaciones. Además, usted puede ayudar a las familias a encontrar recursos, si ellos tienen preocupaciones acerca de cualquier aspecto de la salud o del desarrollo de sus hijos:

- La vista
- La audición
- El desarrollo neurológico, del habla o cognitivo
- Las dificultades sociales o emocionales
- Los impedimentos físicos
- Las enfermedades crónicas
- Las condiciones médicas previamente diagnosticadas

En muchos casos, es posible que los especialistas no le encuentren un diagnóstico específico al niño. En estos casos, los miembros de la familia y los maestros de cuidado infantil pueden seguir observando al niño y proporcionar un cuidado sensible y personalizado que fomente el desarrollo de todos los niños. Si la situación sigue causando inquietud a la familia y a los maestros del niño, la mejor opción

es seguir buscando ayuda. Las necesidades del niño podrían irse aclarando según el niño va creciendo.

Si se ha identificado alguna necesidad o discapacidad especial y la familia recibe los servicios adecuados, un especialista en intervenciones tempranas podría diseñar un programa que fomente el desarrollo del niño tanto en casa como en el programa de cuidado infantil. Exprese que está dispuesta a poner en práctica las recomendaciones del especialista. Al trabajar juntos, las familias, los maestros de cuidado infantil y los especialistas pueden proporcionar la continuidad y el conocimiento necesarios para apoyar al crecimiento y desarrollo del niño. Por medio de la colaboración, las preocupaciones iniciales se pueden convertir en resultados positivos para todos los interesados.

Las familias y los maestros de cuidado infantil son fuentes de información importantes el uno para el otro.

Los asuntos relacionados con la conducta

Los programas de cuidado infantil con frecuencia son capaces de atender los asuntos relacionados con la conducta de los niños sin tener que involucrar a los miembros de la familia. Por ejemplo, el quitar los juguetes, empujar y golpear son conductas típicas de los bebés mayorcitos que se encuentran en vías de aprender habilidades sociales. El ayudar a los niños pequeños a descubrir maneras aceptables de expresar sus sentimientos y deseos es un aspecto elemental del currículo de los bebés mayorcitos.

Sin embargo, de vez en cuando los maestros de cuidado infantil necesitan hablar con los miembros de la familia acerca de la conducta del niño. Trate de no etiquetar la conducta sin contemplar las posibles explicaciones y hablar con los miembros de la familia del niño. El problema podría involucrar la falta de comprensión, por parte del maestro, de las prácticas de crianza de la familia o la comunidad. Usted podría descubrir que se considera adecuada la conducta del niño en el contexto de la cultura del niño o las expectativas de la familia. El plantear algún tema sin prepararse adecuadamente podría crear distancia entre usted y la familia. Si utiliza el proceso de cuatro pasos para tratar con sus sentimientos (Consulte la quinta sección y el apéndice D), podría ayudarle a decidir si realmente debe hablar del asunto con un miembro de la familia. Si después de haber explorado sus sentimientos y obtenido tanta información como fuera posible usted decide que necesita hablar de la conducta del niño, el seguir las siguientes pautas podría conducir a una conversación productiva:

1. Programe una reunión con la familia del niño a una hora mutuamente acordada, en lugar de plantear sus preocupaciones acerca de la conducta del niño al término de la jornada.

2. Presente la información como una situación que deberán resolver juntos.

3. Recuerde tratar con tacto cualquier información acerca del niño que los miembros de la familia pudieran percibir como negativa.

4. Asegure a la familia que se guardará la confidencialidad, dentro de cualquier límite que sea necesario y adecuado.

5. Asegúrese de preguntar a los miembros de la familia qué piensan acerca de la conducta del niño y qué podría mejorar las experiencias del niño en el programa.

6. Permita a los miembros de la familia responder por completo a sus preguntas. No los interrumpa.

7. Prepare un plan de acción que beneficie a la familia, al niño y a los maestros de cuidado infantil.

8. Utilice frases para alentar al miembro de la familia a que inicie la conversación (vea la quinta sección).

9. Responda con aprecio.

A continuación se presenta un ejemplo en el que un maestro de cuidado infantil habla con un miembro de la familia acerca de la conducta del niño. Joshua, de dos años de edad, ha estado en el programa de cuidado infantil durante seis semanas. Él vive con su hermano de cinco años y su abuela.

MAESTRO DE CUIDADO INFANTIL: Hola, Joan. Gracias por venir. ¿Cómo le ha ido? ¿Ya se instaló en su nuevo departamento?

ABUELA: Ah, sí. Está bien. No hay tantas escaleras que subir.

MAESTRO DE CUIDADO INFANTIL: A Joshua realmente parece gustarle estar aquí con los demás bebés mayorcitos, pero no se detiene el tiempo suficiente como para jugar con ellos. ¿Cómo es él en casa?

ABUELA: Bueno, él siempre me tiene a las carreras. Nunca está tranquilo.

La maestra presta atención especial al hecho que Joshua es muy activo en casa. Esto es señal que la conducta no es sólo una reacción a estar en la nueva situación.

MAESTRO DE CUIDADO INFANTIL: ¿Le parece que él está más contento cuando tiene mucho espacio para moverse?

ABUELA: Esa es una buena manera de describir a Joshua. Su hermano de cinco años casi no puede seguirle el ritmo.

MAESTRA DE CUIDADO INFANTIL: ¿Ha sido él siempre muy activo?

ABUELA: Ah, sí. ¡Joshua salió del vientre dando patadas y agitando los bracitos!

MAESTRO DE CUIDADO INFANTIL: Sabe, yo me imagino que a Joshua no le gusta sentarse a leer un libro muy seguido.

ABUELA: Bueno, es verdad que no se sienta muy a menudo, pero de vez en cuando, cuando uno no está mirando, toma un libro y anda con él. Creo que le gustan los libros, sólo que no puede quedarse sentado.

MAESTRO DE CUIDADO INFANTIL: Sabe, quizás es sólo su tempera-

mento. ¿Cuánto juega él activamente en casa?

ABUELA: No mucho. No puedo llevar a ambos niños al parque. Ellos se van corriendo en direcciones opuestas y tengo miedo que se me pierdan o se vayan a lastimar.

MAESTRO DE CUIDADO INFANTIL: Ajá. ¿Se le ocurre alguna manera en que podamos ayudar a Joshua a estar más activo en casa de maneras que le parezcan adecuadas?

ABUELA: No lo sé. Quizás podría llevar a Joshua al parque cuando su hermano esté entrenando con su equipo de futbol. ¿Pueden ayudarle más en el programa?

MAESTRO DE CUIDADO INFANTIL: Sí, creo que sí. Los niños tienen acceso al juego al aire libre la mayor parte del día y podríamos organizar las comidas y las siestas de manera que sea mejor para él. También podemos asegurarnos de estar a su disposición cuando muestre interés en algún libro.

ABUELA: Eso me parece bien. ¡Cómo le gusta andar corriendo en mi departamento! Y en días de lluvia, ¡qué desastre!

MAESTRO DE CUIDADO INFANTIL: Bueno, quizás quiera conseguir algo como un caballito o un barquito para mecer o una estructura para trepar pequeña para dentro de la casa que no ocupe mucho espacio. Es posible que tengamos algo guardado que le pudiéramos prestar. A veces las personas nos las donan cuando los niños ya no las usan. También podría encontrar algo de segunda mano.

Conversaciones como esta, en las que usted le pide a un miembro de la familia identificar los motivos específicos de la conducta del niño y que describa su forma de tratar la situación, deben efectuarse con regularidad con la familia de un niño cuya conducta siga siendo problemática. Este tipo de comunicación apoya el papel

de la familia como la principal influencia en la vida del niño. Es posible que usted también descubra que un cambio en la vida del niño, como la llegada de un recién nacido, haya provocado un incidente de morder u otro tipo de conducta difícil. Usted puede ayudar si asegura a los miembros de la familia que el morder y otros tipos de conducta agresiva son típicas en los niños que tienen alrededor de los dos años y que dichas conductas no significan que el niño sea "malo". Si ellos expresan frustración y no saben qué hacer, sugiera que pueden ayudar al niño a aprender maneras más aceptables de expresar sus necesidades y dé ejemplos de cómo hacerlo. Usted probablemente quiera continuar el dialogo con la familia si sus sugerencias no ayudan con la situación o si parece que el niño podría necesitar más ayuda o intervención.

Las familias y los maestros de cuidado infantil pueden reunirse para hablar de cualquier tipo de conducta que observen en un niño, no sólo los comportamientos problemáticos. Por ejemplo, un maestro de cuidado infantil podría observar que un bebé mayorcito parece temeroso de otros niños, o que un niño de cuatro meses parece estar indiferente Para aprender acerca de estos niños y encontrar maneras eficaces de cuidarlos, el maestro tendría que obtener información de la familia. Por medio de la colaboración, los maestros de cuidado infantil y los miembros de la familia pueden formar una imagen más completa del niño y explorar estrategias para mejorar las experiencias y el crecimiento del niño.

Cuando otras familias se involucran

Algunas conductas, como pegar, empujar, jalar el cabello y especialmente el morder, pueden afectar tanto que se vuelven en una situación grave para el programa. Cuando los padres o las familias se enojan con un niño que ha lastimado a otros niños en el programa, tal vez ellos puedan solicitar al proveedor o líder de programa que tome medidas inmediatas, como retirar al niño del programa. Si varias familias se sienten molestas por que la conducta del niño hace daño a los demás, organice una reunión para las familias y los miembros del programa para que expresen sus preocupaciones y propongan soluciones. Asegúrese de incluir a la familia del niño en cuestión y de proporcionar a la familia un miembro del personal que les sirva de apoyo durante la reunión. He aquí algunos pasos que debe tomar:

1. Comience la reunión con un tono positivo. Haga hincapié en la importancia de la colaboración para el bien del niño y de la familia. En los programas bilingües, asegúrese que esté presente un miembro del personal o persona que proporcione apoyo a las familias, que sea bilingüe o bicultural.

2. Reconozca la gravedad de la situación.

3. Manifieste su disposición a escuchar los puntos de vista de todos.

4. Exprese su compromiso de tratar el asunto de manera constructiva.

5. Pregunte si alguno de los padres o miembros de la familia en la reunión tienen hijos que anteriormente mordieron o lastimaron a otros, pero que con el tiempo de-jaron de mostrar esta conducta por sí solos.

6. Dirija la conversación para que todos los presentes tengan la oportunidad de compartir sus sentimientos.

7. Una vez que los padres, miembros de la familia y demás miembros del personal (cuando corresponda) hayan tenido la oportunidad de

expresarse, comparta lo que sabe acerca del problema.

8. Explique que los bebés mayorcitos a veces pasan por una etapa de morder u otros tipos de conducta agresiva y que generalmente la superan. Sin embargo, reconozca que esto no es mucho consuelo cuando el niño está pasando por esta etapa.

A continuación, explique que usted se esfuerza en prevenir las mordeduras y demás conductas que hacen daño. Enfatice las estrategias a las que recurre para prevenir los problemas de conducta:

• Mantener un ambiente tranquilo

• Ayudar a los niños a descansar lo suficiente y evitar la sobre estimulación

• Proporcionar más de un juguete, especialmente los que son muy populares

• Asignar un maestro de cuidado principal que se mantenga cerca de un niño cuando sea necesario (anticipando y acompañando al niño como si fuera su sombra, sin asumir que ocurrirá un incidente)

• Detener los intentos de un niño de hacer daño a otro y ofrecer un objeto alternativo que el niño pueda morder, golpear, jalar o empujar

• Reconocer los impulsos del niño y celebrarle cuando él o ella resiste sus impulsos

• Invitar al niño a jugar en actividades bien supervisadas

• Dirigir al niño a otras actividades que sean vigorosas pero que no lastimen

• Obtener el apoyo de otros miembros del personal que hayan tratado conductas difíciles en el pasado

• Invitar a especialistas a trabajar con niños que exhiban conductas difíciles de tratar

- Colaborar con las familias para identificar los puntos de frustración de un niño, como la fatiga

Usted también debe discutir lo que hace después que un niño hace daño a otro, incluyendo el reconfortar al niño a quien se ha mordido y ayudar al agresor a entender cómo su conducta ha lastimado al otro niño. Reconozca que los métodos de prevención no siempre tienen éxito y ofrezca supervisar de cerca de los niños que han demostrado la tendencia a morder o lastimar a los demás.

La conducta agresiva de los bebés mayorcitos es una preocupación común para las familias y los maestros de cuidado infantil. Pregunte a los miembros y las familias del personal si les gustaría aprender más acerca del tema asistir a un taller o reunión con un especialista en conducta infantil. Usted también puede obtener mayores conocimientos al consultar dos obras del Programa para el cuidado infantil: *El cuidado del niño de cero a tres años en grupo: Una guía para el crecimiento socioemocional y la socialización,* y el DVD: *Las edades de la infancia: Cuidando a bebés tiernos, que se movilizan y mayorcitos.*

Las conductas problemáticas como el morder generalmente duran poco tiempo y se pueden resolver por medio de la colaboración entre los miembros de la familia y los maestros de cuidado infantil. Sin embargo, hay ocasiones en que la conducta del niño causa contratiempos al grupo y no mejora incluso después de explorar varias opciones con la familia del niño. En estos casos, es posible que fuera necesario considerar la suspensión de la familia del programa. Los problemas de conducta que son lo suficientemente graves como para provocar la suspensión de la familia del programa exigen seria consideración. Hay dos preguntas que

debe hacerse antes de llegar a la difícil decisión de cancelar la inscripción de la familia en el programa:

1. ¿Es más beneficioso para el niño permanecer en el programa?

2. ¿Se está causando daño a otros niños o a miembros del personal?

Cómo abordar el trato inadecuado de los niños

Algunos adultos lastiman a sus hijos al gritarles en exceso, insultarlos ("niño malo" o "niña mala"), con amenazas repetidas que les inspiran temor, al privarlos de alimentos a manera de castigo, o al exponer al niño a conductas adultas que le perjudicará observar. Las situaciones como estas no tienen soluciones fáciles. Sin embargo, si se ha establecido una relación de colaboración respetuosa con la familia, es más probable que las conversaciones acerca de temas como estos sean productivas. El tener conocimiento del temperamento, el estilo y las sensibilidades de cada miembro de la familia ayudará a los maestros de cuidado infantil a abordar los temas con tacto. El siguiente ejemplo muestra cómo un maestro de cuidado infantil sensible podría tratar una situación delicada.

Una madre ha estado amenazando a su niño de dos años, diciéndole: "Si le pegas a tu hermana otra vez, un monstruo te va a hacer algo terrible". Ella dice que el monstruo le quitará su osito de peluche favorito. El maestro de cuidado infantil sabe que las amenazas están afectando al niño, pero ella también sabe que la madre realmente quiere a su hijo. El maestro ha elegido hablar del tema en un momento en que la madre parece estar más relajada que de costumbre. Ella no tuvo que ir a trabajar y vino a visitar a su hijo en el programa de cuidado infantil. La madre y el maestro están sentados en un lugar tranquilo del patio.

MADRE: Qué gusto poder sentarme sin sentir que tengo que apurarme a hacer algo.

MAESTRO DE CUIDADO INFANTIL: Qué bonito es eso, ¿verdad? Yo también me siento así. ¿Se ha sentido muy presionada últimamente?

MADRE: ¡No se imagina! Hay tanto que hacer con estos niños y mi trabajo me causa mucho estrés. Tengo que hacerlo todo yo sola. A veces me late el corazón como si me fuera a dar un ataque cardiaco. Supongo que es de puro pánico.

MAESTRO DE CUIDADO INFANTIL: Eso suena terrible, pero le entiendo perfectamente. ¿Usted piensa que su hijo alguna vez se siente así?

MADRE: Pues, lo dudo. Él es demasiado pequeño. ¿Por qué me pregunta eso?

MAESTRO DE CUIDADO INFANTIL: Bueno, él a veces parece ensimismado y nervioso. Comienza a hacer algo y luego mira a su alrededor como si pensara que no debería hacerlo, como si alguien lo estuviera vigilando. ¿Hay algo que pudiéramos hacer para ayudarle a sentirse más cómodo?

MADRE: Lo tengo que regañar mucho. Él parece empeñado en portarse

mal. Siempre le está pegando a su hermanita. Cuando lo regaño, luego lo encuentro en un rincón rompiendo un libro. Luego tengo que volver a regañarlo. Me siento tan frustrada con él. ¡Me gustaría saber cómo conseguir que se porte bien!

MAESTRO DE CUIDADO INFANTIL: ¿Por qué piensa que quiere pegarle a su hermana? ¿Estará tratando de decir algo?

MADRE: No estoy segura. A lo mejor siente celos de ella. ¿Qué puedo hacer al respecto?

MAESTRA DE CUIDADO INFANTIL: A él le podría estar costando trabajo compartir la atención de usted con su hermanita. Me pregunto qué podríamos hacer para ayudarle. Quizás usted y yo juntas podríamos crear un plan para que él se sintiera mejor.

La madre y el maestro hablaron más acerca de los posibles sentimientos del bebé mayorcito y su conducta y luego crearon un plan. La madre invitaría a su hijo a ayudarle a alimentar a su hermanita una vez al día

---

Esté atento a las señales de maltrato infantil y documente cualquier posible caso de maltrato.

durante unos minutos. Ella hablaría con él acerca de lo que él hace en el programa de cuidado infantil. Ella también se aseguraría de decirle cuánto lo quiere, pasaría unos cuantos minutos a solas con él al acostarlo a dormir y trataría de no prestar atención a las faltas menores que el niño cometa durante un tiempo. El maestro de cuidado infantil estuvo de acuerdo con trabajar en paralelo: dedicaría tiempo especial para apoyarle durante sus actividades de juego favoritas, evitaría decirle que "no" sin necesidad y alentaría sus sentimientos de orgullo por ser el "hermano mayor". En dos semanas volverían a hablar para ver si había alguna mejoría.

Cuando los miembros de la familia expresan su deseo de aprender más acerca de la conducta difícil del niño, o acerca de la crianza infantil, usted puede recomendar libros o videos adecuados acerca del desarrollo de los niños de cero a tres años.

Usted también puede colocar información a la vista que aliente a las familias a compartir sus conocimientos y expresar sus preocupaciones en talleres para padres o en un grupo de apoyo para familias. Los programas grandes a veces ayudan a organizar sus propias reuniones en donde los miembros de la familia puedan compartir sus conocimientos acerca de sus hijos con otras familias en el programa y con los maestros de cuidado infantil.

Invite a los miembros de la familia que estén tratando a sus hijos de manera brus-ca a que pasen tiempo en el programa. Esto puede ser valioso, para alentar a los miembros de la familia a que visiten el programa. Estas experiencias pueden permitir a los miembros de la familia observar conductas alternativas a gritar, amenazar y regañar a los niños y también los maestros pueden aprender acerca de cómo consolar a los niños en el programa, al observar cómo los miembros de la familia interactúan con ellos. Las familias por lo general entienden bien cómo dar apoyo a sus hijos.

El maltrato y el descuido infantil

Si usted sospecha que un miembro de la familia o alguna otra persona está maltratando o descuidando seriamente a un niño en su programa, usted debe tomar medidas de inmediato. La mayoría de los estados exigen que los maestros y proveedores de cuidado que sospechen el maltrato lo denuncien. Usted no tiene que decidir si realmente han maltratado al niño. El único requisito es que tenga motivo suficiente para sospecharlo. Las leyes definen el maltrato y el descuido de manera muy específica y los procedimientos para tratar con el maltrato y el descuido también son muy específicos. Los programas deben tener información por escrito acerca de las leyes respecto a la obligación de denunciar el maltrato o el descuido infantil. Esta información debe ponerse a disposición de las familias y los miembros del personal del programa.

Esté atento a las señales del posible maltrato o descuido infantil, especialmente durante la inspección rápida de salud que hace a los niños cuando llegan al programa de cuidado infantil todos los días. Por supuesto que los niños con enfermedades contagiosas deben enviarse a casa de inmediato. Las señales del maltrato o descuido infantil también podrían ser evidentes en ese momento, o volverse visibles después, cuando se desviste al niño. Al considerar una situación donde exista la posibilidad del maltrato, recuerde tomar en cuenta la cultura del niño. Algunas culturas tienen prácticas médicas o religiosas que podrían confundirse con el maltrato. Un ejemplo de tales prácticas es el "frotar con monedas", la cual por lo general no es dañina pero deja marcas sobre la piel que parecen moretones.

Es muy importante la documentación en caso de sospecharse el maltrato o descuido infantil. Si usted ve cualquier señal de moretones, quemaduras o de descuido grave, documéntela con una descripción y la fecha. Si fuera pauta del programa, necesitará entonces preguntarle al padre u otro miembro de la familia correspondiente acerca de lo que haya observado. Por lo general, hay una explicación como "se cayó por las escaleras" o "iba corriendo y chocó con el cigarrillo que yo sostenía". Tome nota por escrito de la condición del niño, la explicación del miembro de la familia y la fecha. Sin importar si la pauta de su programa exige hablar con el miembro de la familia, usted debe seguir observando al niño con atención para ver si se manifiesta alguna conducta inusual. Si las señales del posible maltrato ocurren repetidamente o si hay señas de maltrato grave, necesita notificar de inmediato a la agencia de protección de menores. Su

papel es proteger al niño. Sin embargo, usted también necesita respetar la confidencialidad. A las personas en el programa que no estén involucradas directamente no se les debe informar acerca del incidente.

Algunos individuos podrían denunciar de manera anónima que sospechan el maltrato infantil, pero las personas con la obligación legal de denunciarlo, como los profesionales de cuidado infantil, tienen la obligación de dar su nombre al hacer la denuncia. Usted podría verse tentado a postergar la denuncia acerca de lo que la evidencia sugiere, ya sea por su preocupación por el miembro de la familia o por temor a su reacción. Sin embargo, esto pone al niño en peligro. En algunos programas, el líder del programa es quien decide llamar a la agencia de protección de menores para no poner en riesgo la relación entre el miembro de la familia y el maestro de cuidado infantil principal. En otros programas, donde son fuertes las relaciones con las familias, es posible que la forma de abordar el proceso de notificación sea más abierto. El proveedor o maestro de cuidado infantil le dice al miembro de la familia que el programa va a notificar a la agencia de protección de menores que hay una posible sospecha de maltrato infantil e invita a la persona a estar presente durante la llamada. Hay muchas situaciones en que esta forma de hacerlo no es viable, pero la estrategia puede ayudar a impedir una ruptura en la relación entre la familia y el programa.

Una vez que se haya hecho la denuncia, la agencia de protección a menores investiga la situación y a veces toma medidas para proteger al niño. En ese momento, cuando las agencias ajenas al programa de cuidado infantil toman cartas en el asunto, el proceso puede ser muy incómodo para los profesionales de cuidado infantil. Por ejemplo, es posible que llegue un oficial de la policía al programa. Usted también podría tener que enfrentarse a los sentimientos de enojo y traición por parte de la persona de quien se sospecha que cometió el maltrato, especialmente si no se incluye a la persona en el proceso. Esto es una posible consecuencia de cumplir con su obligación de proteger a los niños en su programa.

Preguntas a considerar

1. ¿Evita usted tomar decisiones apresuradas respecto a los temas delicados y recurre al proceso de cuatro pasos para tratar sus sentimientos?

2. ¿Se toma usted tiempo para reflexionar acerca de las consecuencias de cada medida que pudiera tomar? Por otro lado, ¿está usted preparado para actuar con rapidez cuando sospecha que un niño se encuentra en peligro inminente?

3. ¿Trata las situaciones con discreción y mantiene la información confidencial? ¿Qué pasos puede usted tomar para tratar con el problema de los chismes entre el personal o los miembros de la familia?

4. Para tratar las situaciones difíciles, ¿toma usted en cuenta la personalidad del padre u otro miembro de la familia y procura ser justo? En caso de necesidad, ¿es usted capaz de tomar medidas difíciles, como suspender la inscripción de la familia o denunciar el maltrato infantil?

5. ¿Recuerda usted que nadie es perfecto y que las personas a veces tienen conflictos entre sí? ¿Es usted capaz de pedir disculpas cuando corresponda, o invitar a la persona a sentarse a conversar para aclarar las cosas?

6. ¿Cuáles son algunas maneras de tratar las situaciones que no se

pueden resolver? ¿Conserva usted el sentido de humor? ¿Recuerda usted la importancia de procurar que el programa sea constructivo y divertido para todos?

Obras y materiales de consulta

Libros y artículos

Anderson, M. Parker. *Parent-Provider Partnerships: Families Matter.* Cambridge, MA: Harvard Family Research Project, 1998.

Fomenta el concepto del cuidado infantil centrado en la familia al abordar el desarrollo del niño y la familia de manera conjunta. Ofrece principios de apoyo a la familia que fortalecen las cualidades de la familia y su cultura y los recursos de la comunidad.

Departamento de Educación de California. *El cuidado del niño de cero a tres años en grupo: Una guía para el crecimiento socioemocional y la socialización, segunda edición.* Sacramento, CA: Departamento de Educación de California, 2011.

Presenta un panorama general del temperamento infantil, los hitos del desarrollo emocional, el cuidado sensible, el cuidado cariñoso, la guía del comportamiento y la socialización. Explora el significado del juego imaginario y dramático de los niños y la relación entre el desarrollo cognitivo y el bienestar socioemocional.

Fisher, Roger, y William Ury. *Getting to Yes: Negotiating Agreement Without Giving In*. Nueva York: Penguin Books, 1991.

Ofrece una estrategia concisa y comprobada para la resolución de conflictos, ya sea entre padres e hijos, vecinos, jefes y empleados, clientes, empresas, inquilinos o diplomáticos. Se sustenta en estudios y conferencias efectuadas por el Harvard Negotiation Project.

Gordon, Joel. "Separation Anxiety: How to Ask a Family to Leave Your Center". *Child Care Information Exchange* (enero 1988): pág. 13–15.

Ofrece información práctica acerca de cómo fijar límites con una familia para quien el programa no sea adecuado y cómo ayudar al personal a tratar con esta situación incómoda.

Greenman, James. "Living in the Real World—Parent Partnerships: What They Don't Teach You Can Hurt". *Child Care Information Exchange* 124 (noviembre/diciembre 1998): pág. 78–82.

Presenta ejemplos de dificultades que enfrentan los proveedores de cuidado infantil al establecer relaciones de colaboración y ofrece sugerencias para el establecimiento de relaciones con las familias.

Hohmann, Mary, y Jaclyn Post. *Tender Care and Early Learning: Supporting Infants and Toddlers in Child Care Settings*. Ypsilanti, MI: HighScope Press, 2002.

Describe el método HighScope para el aprendizaje de los niños de cero a tres años, incluyendo: los elementos del aprendizaje activo; experiencias clave para el desarrollo de las habilidades sensomotoras de los niños; la organización de los espacios y materiales; los horarios y las rutinas del cuidado infantil; y el apoyo de los adultos basado en la observación de los niños, la planificación en equipo y las relaciones de colaboración con los padres.

Honig, Alice S. *Secure Relationships: Nurturing Infant/Toddler Attachment in Early Care Settings*. Washington, DC: National Association for the Education of Young Children, 2002.

Se enfoca en aspectos del apego que los cuidadores necesitan entender para poder fomentar en los niños pequeños la salud mental positiva desde un principio. Ofrece sugerencias para ayudar a los cuidadores a fomentar las relaciones entre los niños de cero a tres años en los programas de cuidado infantil.

Lerner, Claire, y Amy Laura Dombro. *Learning and Growing Together: Understanding and Supporting Your Child's Development*. Washington, DC: Zero to Three, 2000.

Ofrece cuatro secciones para fomentar el apoyo de los padres en el proceso de aprendizaje. "How Parenthood Feels (Cómo se siente al ser padre)"; "Tuning in to Your Child (Cómo entender a su hijo)"; "The Amazing First Three Years of Life (Los increíbles primeros tres años de vida)"; and "In Conclusion: Thoughts to Grow On (Para concluir: reflexiones para seguir creciendo)".

Mangione, Peter L., editor. *El cuidado del niño de cero a tres años en grupo: Una guía para el cuidado infantil culturalmente sensible*. Sacramento, CA: Departamento de Educación de California, 1995.

Una guía para ayudar a los cuidadores infantiles a (1) mejorar su comprensión de sí mismos y descubrir cómo les influyen sus creencias culturales; (2) mejorar su comprensión acerca de los niños y las familias en el programa; y (3) aprender a entender los aspectos culturales y, por lo tanto, convertirse en cuidadores más eficaces.

National Association for the Education of Young Children (NAEYC). *Building Circles, Breaking Cycles—Preventing Abuse and Neglect: The Early Childhood Educator's Role*, Sección 9. Washington, DC: NAEYC, 2004.

Esta obra está dirigida a profesionales de la primera infancia que trabajen con niños y sus familias a diario. Se enfoca en la manera en que estos educadores pueden ayudar a prevenir el maltrato y el descuido de los niños y a cómo fomentar su desarrollo social y emocional saludable.

O'Brien, Marion. *Inclusive Child Care for Infants and Toddlers: Meeting Individual and Special Needs*. Baltimore, MD: Brookes Publishing, 1997.

Un recurso para cuidadores infantiles en programas inclusivos, además de guía de capacitación para alumnos y maestros principiantes. El Capítulo 3 trata sobre los padres como colaboradores y sugiere maneras de comunicarse con los miembros de la familia y conseguir su participación en el programa de cuidado infantil.

Phillips, Deborah, y Jack Shonkoff, eds. *From Neurons to Neighborhoods: The Science of Early Childhood Development*. Washington, DC: National Academy Press, 2000.

Una revisión exhaustiva de las investigaciones científicas y las pautas en torno al desarrollo infantil durante los primeros 5 años de vida. Contiene diez conceptos clave, incluyendo uno que afirma: "El desarrollo humano es determinado por la interacción dinámica y continua entre la biología y la experiencia".

Powell, D. R. *Families and Early Childhood Programs*. Washington, DC: National Association for the Education of Young Children (NAEYC), 1989.

Describe cómo los programas de cuidado de la primera infancia deben responder a los cambios en las estructuras y estilos de vida de las familias. Ofrece un repaso a fondo de la bibliografía que trata las razones para colaborar con los padres y las relaciones entre familias y programas de cuidado de la primera infancia, además de estrategias para abordar las relaciones entre el hogar y la escuela. Se puede obtener de: NAEYC, 1313 L Street NW, Suite 500, Washington, DC 20005. http://www.naeyc.org.

Schorr, Lizbeth B., y Daniel Schorr. *Within Our Reach: Breaking the Cycle of Disadvantage and Despair*. Nueva York: Doubleday and Co., 1989.

Hace un repaso de los programas de intervención que fueron creados en los Estados Unidos para niños pequeños en condiciones de riesgo. Sostiene que los Estados Unidos ya tiene las respuestas para proporcionar intervención y apoyo educativo y que ya no tiene que reinventar estrategias ni métodos. Describe varios métodos para abordar los temas difíciles y las familias disfuncionales.

Stanley, Diane. "How to Defuse an Angry Parent". *Child Care Information Exchange* 108 (marzo/abril 1996): pág. 34–35.

Ofrece un plan de cuatro pasos para disminuir el enojo de un padre: escuchar con atención; asegurarse de entender el problema a fondo; reconocer los sentimientos del padre; y explicar el plan de acción.

Turnbull, Ann, y H. Rutherford Turnbull. *Families, Professionals, and Exceptionality: Collaborating for Empowerment*. 4a. edición. Upper Saddle River, NJ: Merrill Prentice Hall, 2001.

Libro de texto con manual del instructor que ofrece muchas actividades relacionadas con las prácticas centradas en la familia. Se abarcan temas como los papeles tradicionales y actuales de los padres, las funciones de la familia, las referencias y las evaluaciones. Incluye ideas para proyectos estudiantiles y conversaciones, tareas y temas de discusión en clase. También incluye un programa de estudios del curso.

Materiales audiovisuales

Las edades de la infancia: Cuidando a bebés tiernos, que se movilizan y mayorcitos. DVD con folleto. Sacramento, CA: Departamento de Educación de California y WestEd, Programa para el Cuidado Infantil (PITC por sus siglas en inglés). http://www.pitc.org.

Explora el significado de la cultura en las vidas de los niños pequeños y el papel de la cultura en el desarrollo de la autoestima del niño. Destaca la importancia de proporcionar un cuidado que concuerde con la cultura de las familias en los programas de cuidado infantil y de aprender acerca del hogar del niño por medio de la familia. Se puede obtener en inglés y en español.

Relaciones indispensables: Diez pautas para un cuidado infantil culturalmente sensible. DVD con folleto. Sacramento, CA: Departamento de Educación de California y WestEd, Programa para el Cuidado Infantil (PITC por sus siglas en inglés). http://www.pitc.org.

Explora el significado de la cultura en las vidas de los niños pequeños y el papel de la cultura en el desarrollo de la autoestima del niño. Destaca la importancia de proporcionar un cuidado que concuerde con la cultura de las familias en los programas de cuidado infantil y de aprender acerca del hogar del niño por medio de la familia. Se puede obtener en inglés y en español.

El instinto protector: Trabajando con los sentimientos de los padres y cuidadores. DVD con folleto. Sacramento, CA: Departamento de Educación de California y WestEd, Programa para el Cuidado Infantil (PITC por sus siglas en inglés). http://www.pitc.org.

Los padres hablan con franqueza acerca de sus preocupaciones y acerca de la intensidad emocional y los sentimientos encontrados que experimentan al llevar a los niños muy pequeños al programa de cuidado infantil. Ofrece a los cuidadores maneras de mitigar las preocupaciones de los padres al expresar competencia, honestidad y comprensión. A los cuidadores también se les alienta a abordar sus propios sentimientos de incomodidad por medio del uso del proceso de cuatro pasos de tomar consciencia, explorar, obtener información y tomar medidas para resolver los problemas. Se puede obtener en inglés y español.

Apéndices

Apéndice A

El cuidado infantil centrado en la familia

El cuidado infantil centrado en la familia ofrece maneras muy eficaces de trabajar con las familia y de establecer relaciones con ellas.* Se basa en la idea que las familias son las personas más importantes en las vidas de los niños. Se respeta la diversidad, se establecen sistemas de apoyo y se fomenta la comunicación bidireccional. Tradicionalmente los maestros han utilizado una gama de estrategias para colaborar con las familias, pero la mayoría de esas estrategias, como la participación o ia educación de los padres, han incluido únicamente la comunicación unidireccional. Por ejemplo, los maestros asignaban tareas específicas a los padres y les proporcionaban información acerca del desarrollo infantil y conocimientos sobre la crianza infantil. A pesar de las buenas intenciones de los métodos tradicionales, la mayoría han perdido oportunidades importantes para la verdadera comunicación bidireccional entre las familias y los maestros, dado que se ha puesto énfasis en que los maestros den la información. Los conocimientos y la sabiduría familiar no se han valorado tanto como los conocimientos del maestro. Esto puede ser resultado de la perspectiva tradicional que los maestros son los "educadores" de niños, mientras que las familias "los crían y les dan cariño".

A esta interpretación tradicional de los papeles de las familias y los maestros le falta el reconocimiento de cómo las familias y los maestros pueden aprender unos de otros, establecer relaciones de colaboración eficaces y apoyar el bienestar de los niños. Para establecer estas relaciones de colaboración, las familias y los maestros necesitan reconocer y basar sus acciones en las habilidades, los conocimientos y la experiencia que ambos colaboradores aportan a la relación. No hay duda que el establecimiento de relaciones de colaboración con las familias es un aspecto central de los programas de alta calidad para niños de cero a tres años en todos los diferentes tipos de programas y circunstancias de vida.

Un aspecto importante del establecimiento de las relaciones de colaboración entre maestros y familias es demostrar a las familias que ellas juegan un papel indispensable en el cuidado y la educación de sus hijos. Los maestros pueden ayudar a las familias en este aspecto al:

*Galinsky, E.; C. Howes y S. Kontos. *The Family Child Care Training Study*. Nueva York: Families and Work Institute, 1995.

- Reconocer las fortalezas y cualidades de las familias
- Invitar a las familias a contribuir con ideas y esfuerzo y respetar sus contribuciones
- Preguntar acerca de las experiencias, antecedentes, cultura y creencias de las familias.

Los maestros necesitan respetar las elecciones y decisiones de cada familia respecto a sus hijos. El papel del maestro no es "permitir" a las familias tomar decisiones, sino compartir el proceso de la toma de decisiones con las familias. Al preguntar a los miembros de la familia acerca de sus hijos se reconoce que las familias juegan un papel vital en la educación de sus hijos. Los maestros podrían considerar que es valioso preguntar acerca de las primeras experiencias de vida del niño, de su desarrollo, sobre su salud, sus gustos y aversiones y sus actividades favoritas, así como las metas de la familia respecto al aprendizaje del niño.

Los maestros con frecuencia tienen conocimientos muy extensos acerca del desarrollo típico de los niños, pero las familias tienen conocimientos específicos acerca de sus hijos. Es posible que los maestros no sientan la confianza de compartir el proceso de toma de deci-

siones con algunas familias, y viceversa. Sin embargo, cuando los maestros y las familias entienden que las aportaciones y participación de la familia son indispensables para proporcionar un cuidado de alta calidad a los niños de cero a tres años, entonces se pueden establecer relaciones de colaboración verdaderas y eficaces.

Las familias pueden tener muchas estructuras diferentes, hablar varios idiomas y tener creencias muy particulares acerca de cómo aprenden los niños, qué los mantiene saludables y qué constituye la disciplina adecuada. El aprender acerca de esta diversidad de las familias y respetarla es difícil pero enriquecedor para los maestros. La auto-reflexión, la observación y el diálogo pueden ayudar a los maestros a enfrentar los desafíos que pueden surgir al tratar de proporcionar cuidado a familias con culturas y experiencias pasadas diversas. Independientemente de las circunstancias o los transfondos culturales de cada familia, el desarrollo de una verdadera relación de colaboración es un ingrediente esencial del cuidado infantil de alta calidad. Los maestros de cuidado infantil que colaboren satisfactoriamente con las familias para el cuidado de sus hijos crearán una experiencia de cuidado infantil positiva para todas las personas que participan en el programa.

Apéndice B
Ejemplo de un contrato entre una familia y un programa de cuidado infantil

Le damos la bienvenida a nuestro programa de cuidado infantil en el hogar (centro de cuidado infantil). Esperamos colaborar estrechamente con usted para fomentar la salud, el crecimiento, el aprendizaje y la felicidad de su hijo. El propósito de este contrato es definir las condiciones de los servicios de cuidado infantil. Por favor notifíqueme (notifíquenos) de cualquier cambio en sus datos personales que aparecen en este contrato (domicilio, número de teléfono, etc.)

Nombre del niño:

Otro nombre que use el niño (en caso de haberlo): _____

Nombre del padre o miembro de la familia: _____

Domicilio particular: _____

Teléfono particular: _____ Teléfono celular: _____

Correo electrónico: _____

Ocupación: _____

Nombre del lugar de trabajo o escuela: _____

Domicilio del lugar de trabajo o escuela: _____

Teléfono: _____

Nombres de personas con quienes debemos comunicarnos en caso de emergencia y sus números de teléfono (favor de incluir a dos personas):

Nombre: _____ Teléfono: _____

Nombre: _____ Teléfono: _____

Horario y días de servicio

Los servicios de cuidado infantil comenzarán a partir del día _____ de _____ del 20____.

(mes)   (día)   (año)

El horario de cuidado infantil comenzará a las ____ y terminará a las ____ los siguientes días:

☐ lunes ☐ martes ☐ miércoles ☐ jueves ☐ viernes ☐ sábado ☐ domingo

Si el niño va a faltar o llegar tarde, favor de llamar a (_____) _____ por adelantado.

No se proporcionará cuidado infantil los siguientes días feriados: _____

_____

Sólo programas de cuidado infantil en el hogar

Mi periodo de vacaciones será el: _____.

Usted deberá hacerse responsable de hacer los arreglos para el cuidado infantil en estas fechas.

En ocasiones, es posible que yo tenga que recurrir a los servicios de un maestro de cuidado infantil suplente.

Mis suplentes son: _____.

Tarifas

$_____ a la semana por el cuidado infantil de tiempo completo (7 horas al día o más).

$_____ por hora por el cuidado infantil de medio tiempo (4 horas al día o menos).

$_____ por hora por el cuidado infantil ocasional (cuando haya cupo).

$_____ Una cuota de $_____ por recoger al niño tarde. Esta cuota se cobrará cada vez que se recoja al niño _____ minutos o más después de la hora programada, a menos que se hayan hecho arreglos especiales.

$_____ por comida.

Los padres o demás miembros de la familia llevarán comida a los bebés menores de _____ meses de edad.

Las tarifas de cuidado infantil deberán pagarse a más tardar el día _____ de cada mes. Se cobrará una cuota adicional de $_____ por cada pago tardío.

Las cuotas se podrán pagar: semanalmente _____ bisemanalmente _____ mensualmente _____

Se deberá pagar un depósito por adelantado de $_____ al momento de la inscripción. Esta cantidad se devolverá a la conclusión de los servicios.

Cuando una enfermedad o las vacaciones de alguna de las partes resulten en que los servicios de cuidado infantil no se proporcionen, (no) se podrán hacer ajustes a las tarifas.

Las tarifas de cuidado infantil se pagarán: en efectivo _____ con cheque _____ por otro medio _____

Se requiere avisar por adelantado de cualquier cambio que afecte los servicios

Se deberá entregar un aviso por escrito al menos 14 días antes de cualquiera de las siguientes instancias:

- La cancelación del contrato por cualquiera de las partes.
- El aumento a las tarifas de cuidado infantil
- Los periodos vacacionales tanto de la familia como del maestro de cuidado infantil

Los alimentos

Yo (nosotros) (no) estamos inscritos en el Programa USDA Child and Adult Care Food Program (CACFP, por sus siglas en inglés)

Las comidas serán:

_____ preparadas por el programa

_____ proporcionadas por la familia del niño

Se servirá:

_____ Desayuno   _____ bocadillos, por ejemplo: _____

_____ Comida del mediodía   _____ cena

Favor de enumerar cualquier dieta especial a seguir o alergias que tenga el niño:

Alimentos para bebés

Los bebés recibirán sus alimentos de acuerdo a las instrucciones de la familia. Favor de notificarme (notificarnos) de cualquier cambio en los horarios de alimentación, en las fórmulas infantiles o en los alimentos. Se servirá leche a todos los bebés que ya no consuman fórmula. Los lactantes deben contar con suficientes biberones de leche materna exprimida.

Datos médicos

Su hijo requiere un examen médico:

_____ Antes de inscribirse en el programa de cuidado infantil

_____ Cada año en que esté inscrito en el programa

Antes de poder inscribir a su hijo en el programa, usted debe entregar evidencia de vacunación que muestre que su hijo tiene actualizadas sus vacunas de acuerdo a la edad.

Favor de avisar si su hijo va a faltar debido a alguna enfermedad.

Si su hijo está en casa durante _____ días o más a causa de alguna enfermedad, debe traer una nota del médico indicando que el niño ha sido dado de alta y puede regresar al programa.

Se me (nos) debe informar de inmediato de cualquier enfermedad contagiosa. Se notificará a todas las familias del programa. Se administrarán medicamentos únicamente si se proporciona una autorización por escrito de un médico acreditado.

Si su hijo se enferma mientras se encuentra presente en el programa de cuidado infantil, se le pedirá que venga a recogerlo de inmediato. En caso que no podamos localizarlo, nos comunicaremos con algunas de las personas que identificó en este contrato como contactos en casos de emergencia. Se le permitirá a su hijo regresar al programa de acuerdo con la práctica generalmente aceptada para la condición médica determinada de la que se trate. Según la enfermedad, es posible que se le pida una autorización firmada por un médico para poder permitir el reingreso del niño.

La ropa

- La ropa de su hijo y demás prendas deben llevar una etiqueta con su nombre y traerse al programa en algún tipo de bolsa.

- Las familias deben proporcionar al menos dos juegos completos de ropa para jugar, para jugar al aire libre y los siguientes artículos:

_____ pañales desechables   _____ toallitas desechables para bebé   _____ baberos

_____ pañales de tela   _____ pañales tipo calzoncillo de transición   _____ pantalones de plástico

Nota: Si tiene alguna pregunta y necesita ayuda con alguno de los artículos anteriores, favor de hablar conmigo (su maestro de cuidado infantil).

Paseos y salidas

Es posible que hagamos salidas fuera del programa de cuidado infantil para proporcionar experiencias especiales a los niños. A usted se le notificará por adelantado cuando se tenga planificada alguna salida, y yo (nosotros) solicitaré (solicitaremos) su permiso por escrito para que su hijo viaje en auto o tome transporte público.

Nuestro estado exige proporcionar asientos infantiles de seguridad para viajar en auto.
_____ Usted _____ yo (nosotros) proporcionaré (proporcionaremos) el asiento.

Recuerde por favor que las familias pueden visitar el programa con toda confianza en cualquier momento.

Comprendo (comprendemos) por completo y estamos de acuerdo con las condiciones del contrato. Este contrato se puede volver a negociar en cualquier momento.

Escriba con letra de molde su nombre o el de otro miembro de su familia que se haga responsable:

_____

Firma del padre o miembro de la familia: _____

Fecha: _____

Apéndice C
Ejemplos de preguntas que se pueden hacer a las familias durante la inscripción

Nota: Se pueden hacer estas preguntas ya sea por escrito o mediante una conversación.

Favor de responder a las siguientes preguntas para ayudarnos a aprender más acerca de usted y de su familia. No es obligatorio responder a estas preguntas, pero cualquier información que proporcione nos ayudará a proporcionar mejor cuidado a su hijo.

1. ¿Quiénes son las personas que viven con usted en su casa? Favor de proporcionarnos la edad de cada persona y su relación con el niño que esté inscrito en el programa de cuidado infantil.

2. ¿Quiénes son las otras personas (que no viven en su casa) que cuidan a su hijo o que son importantes en la vida de su hijo?

3. ¿Cuál es su país natal? ¿Desde hace cuánto tiempo vive usted en los Estados Unidos?

4. ¿Cuál es el idioma principal que se habla en su casa? ¿Se habla algún otro idioma?

5. ¿Qué arreglos ha hecho usted anteriormente para el cuidado infantil antes de inscribir a su hijo en el programa?

6. ¿Cómo reacciona su hijo cuando se separa de usted y otras personas importantes en su vida?

7. ¿Cuáles son algunas de las actividades favoritas de su hijo?

8. ¿Con qué frecuencia juega su hijo solo? ¿Y con otros niños?

9. ¿Cómo describiría usted a su hijo? Por ejemplo, ¿es activo? ¿Tranquilo? ¿De buen carácter? ¿Voluntarioso?

10. ¿Cuáles son algunas de las técnicas que usa su familia para consolar al niño?

11. ¿Cuáles son algunas de las técnicas que usa su familia para guiar o disciplinar al niño?

12. ¿Tiene usted algún interés especial o habilidad que le gustaría compartir con el programa? Si así fuera, ¿cuál es y cómo le gustaría compartirla?

El instinto protector: Cómo tratar los sentimientos de los cuidadores

J. Ronald Lally,
Codirector del Centro para Estudios del Niño y la Familia de WestEd

Con tan solo ver a un bebé uno siente ternura y el deseo del proteger al niño de cualquier daño. Este es un instinto primitivo de protección que está presente en los adultos de la mayoría de las especies animales.

Cuando los cuidadores sospechan que una familia no está tratando a uno de "sus" niños de esta manera cálida y protectora, ellos con frecuencia experimentan una explosión de emociones. Ponerse furioso, sentir temor, frustración y tristeza son apenas algunas de las maneras en que responden. Nada parece enojar más a un cuidador infantil que si siente que un padre no trata bien a un niño pequeño.

Desafortunadamente, lo que la mayoría de los cuidadores hacen cuando tienen estos sentimientos es o bien negarlos o bien sentirse tan agobiados por ellos que piensan que deben actuar de inmediato en respuesta a ellos. Las expectativas de la sociedad respecto al cuidador infantil son muy restringidas. El modelo más comúnmente aceptado es una combinación del personaje Mary Poppins y la Madre Teresa. No hay cabida para los sentimientos como estos y no hay una manera definida de cómo tratar con ellos. Esto es una debilidad dentro de nuestro campo que debe abordarse. Usted debe saber que éstos son sentimientos normales. Para poder hacer un trabajo eficaz con los niños de cero a tres años, los cuidadores necesitan poder reconocer estos sentimientos y tratar con ellos.

En el Programa para el Cuidado Infantil, hemos desarrollado un proceso para ayudar a los cuidadores a tratar los sentimientos de este tipo. Se trata de una nueva versión de un viejo consejo: "Cuente hasta diez antes de actuar". Espero que lo encuentre de utilidad. El proceso tiene cuatro pasos:

- Explore sus sentimientos
- Comparta sus sentimientos con los demás
- Obtenga el punto de vista de los padres
- Desarrolle un plan de acción

Explore sus sentimientos

El primer paso, aunque parezca sencillo, con frecuencia es el más difícil. Cuando hablo con cuidadores que experimentan dificultades con los padres, descubro que con frecuencia les cuesta trabajo enfocarse en sus sentimientos. Cuando les pido que lo hagan, una respuesta típica es hablar acerca de lo que les molesta que haga el padre, en lugar de hablar acerca de sus propios sentimientos y *por qué* les molesta. Una respuesta común a la pregunta de "¿Cómo te hace sentir esto?" es una declaración de acción, como "¡Debo decirle a la madre que necesita asear a su propio hijo!" La clave de este paso es entender por qué es importante. Hasta no saber lo que uno siente, no puede saber cómo afecta sus actos. Un objetivo debe ser tener presentes sus emociones y observarlas. Con frecuencia descubrirá que tiene muchos sentimientos respecto a la situación y no sólo el sentimiento que ha descubierto. La clave es enfocarse en sus propios sentimientos profundos, en lugar de enfocarse en la conducta de los demás. Una vez que descubra sus sentimientos, trate de aceptarlos.

Comparta sus sentimientos con los demás

Hable con sus colegas, el encargado de su programa e incluso con su pareja acerca de sus sentimientos, para entenderlos con mayor claridad. Hablar con sus colegas casi siempre le ayudará a aclarar sus sentimientos y le dará otras perspectivas acerca de la situación. Sus colegas podrían ayudarle a ver que este parece ser un tema que siempre le perturba más que a otros, o bien, ayudarle a aceptar sus sentimientos. A veces basta pensar y conversar acerca de sus sentimientos con sus amistades o colegas para ver cómo el enojo se convierte en tristeza, o la tristeza o depresión se convierten en sentimientos dolorosos. Este paso puede ser breve, pero es importante, ya que le puede permitir adquirir una perspectiva valiosa.

Obtenga el punto de vista de los padres

Antes de comenzar a abordar el problema con el padre, es mejor estar seguro de saber de qué se trata el problema. Este paso es el último intento de reunir información antes de comunicarse con el padre acerca del asunto. Durante la hora de traer o recoger al niño del programa, o en una conversación general, pida más información acerca de la familia y de sus acciones. Dedique la mayor parte del tiempo a escuchar. Evite ser crítico, discutir, contradecir o tratar de resolver el problema. Es posible que se dé cuenta que lo que le diga el padre es muy distinto a lo que usted se imaginaba que estaba sucediendo, o que confirme lo que usted pensaba. Cuando menos tendrá una idea más completa de la situación.

Desarrolle un plan de acción

Una vez que haya explorado sus propios sentimientos, los haya expresado a otras personas y luego se haya reunido con la familia para aclarar sus ideas sobre la situación, es hora de preparar un plan de acción. Nuestra sugerencia para el proceso de planificación es dividirlo en tres áreas temáticas. La primera área es lo que usted hará por y para usted mismo.

Confronte sus asuntos personales

- **Obtenga apoyo.** Si al analizar un problema usted descubre temores, resentimientos y prejuicios propios que necesita resolver, pida apoyo. Por ejemplo, es posible que usted quiera hablar con un terapeuta o alguien con capacitación especializada.

- **Controle su estrés.** Si está experimentando estrés, reserve tiempo para sí mismo. Encuentre alguna actividad que le ayude a relajarse, como ir a caminar, tomar un baño de agua caliente o hacer ejercicios de estiramiento muscular.

- **Establezca límites.** Si siente que está haciendo demasiado para satisfacer las necesidades de las familias, o que se preocupa constantemente por el niño, fije límites a lo que vaya hacer. Reflexione acerca de lo que puede hacer de manera realista como cuidador y trate de aceptar la idea de que no puede hacerlo todo.

Prepárese para reunirse con los padres

Antes de reunirse con la familia para hablar acerca del problema, es buena idea planificar cómo va a presentar el tema que le inquieta, qué aspectos va a abordar y cómo los abordará.

- **Reflexione acerca de la relación.** ¿Cómo lo recibirán los padres? ¿Existe tensión entre ustedes dos? Evalúe la relación para ver si detecta cómo puede abordar el tema. ¿Necesita que otra persona interceda debido a que ya existe tensión entre ustedes?

- **Decida el contenido.** ¿Qué sabe acerca de las sensibilidades de los padres que le pueda ayudar a evitar plantear temas provocadores? ¿Cuántos asuntos piensa abordar? ¿Sobre qué temas puede usted hacer comentarios positivos y cuáles aspectos centrales del problema deben abordarse?

- **Planifique la interacción.** ¿Cómo abordará el asunto? ¿Qué puede decir para romper el hielo? ¿Dónde y cuándo se llevará a cabo la conversación? ¿Qué piensa que podrían ser los siguientes pasos?

Buscar ayuda externa

Es posible que usted descubra que el problema es demasiado grave como para que usted y la familia lo resuelvan por su cuenta. Todos los cuidadores deben saber que no tienen que resolver todos los problemas por su cuenta. Vea a continuación algunas medidas que puede contemplar.

- **Comuníquese con una agencia de recursos y referencias.** ¿Podría ayudarle una agencia local de recursos y referencias para el cuidado infantil ayudarle a usted o a la familia a tratar el problema? ¿Es posible que la agencia tenga conocimiento de servicios que usted desconozca?

- **Solicite ayuda del programa.** ¿Tiene a su disposición algún profesional de salud mental en el programa de cuidado infantil a quien pudiera consultar? ¿Su programa de cuidado infantil es parte de una agencia más grande que cuente con personal con capacitación especial? ¿Podría usted aprovechar la capacitación de estas personas?

- **Identifique los servicios específicos.** ¿Deberá incluir su plan que se refiera al padre a servicios dentro de la comunidad que usted ya conozca? (Por ejemplo, los servicios de apoyo familiares, las terapias para la drogadicción y el alcoholismo, los bancos de alimentos o las clínicas de salud.)

Por último, usted debe aceptar el hecho que el plan es apenas el principio y se modificará conforme cambie la situación. El objetivo es que si usted sigue este plan de cuatro pasos cuando comienza a experimentar sentimientos intensos respecto a los padres en su programa de cuidado infantil, probablemente se beneficiarán tanto usted como ellos. Recuerde los cuatro pasos cuando surjan las emociones fuertes.

Apéndice E
El instinto protector: Cómo tratar los sentimientos de los padres

Tomado del DVD del Programa para el Cuidado Infantil,
El instinto protector: Trabajando con los sentimientos de los padres y cuidadores

Toda especie animal tiene el impulso fundamental de proteger a sus crías, especialmente las más pequeñas. Debido a que los bebés son tan vulnerables, necesitan esta protección para sobrevivir. Los adultos responden de manera instintiva a la necesidad de sobrevivencia del bebé. Con tan sólo ver al bebé experimentamos sentimientos de ternura y el deseo de proteger al bebé de cualquier daño. El conocimiento del poder del instinto protector puede ayudar a los maestros de cuidado infantil a colaborar con los miembros de la familia. Una clave de la colaboración con los miembros de la familia es aprender lo que ellos buscan en los maestros de cuidado infantil. Las investigaciones han demostrado que de todos los atributos que las familias identifican como importantes, la comprensión, la competencia y la honestidad son los que más consiguen tranquilizar sus temores.

La necesidad de comprensión

Los miembros de la familia de un bebé tienen una necesidad intensa de tener un maestro de cuidado infantil que entienda por lo que ellos están pasando. Aunque los miembros de la familia no siempre lo demuestren, sus emociones con frecuencia se encuentran a flor de piel. Un maestro de cuidado infantil que entienda lo vulnerables que se sienten los miembros de la familia les puede dar el apoyo que buscan.

La preocupación por la competencia

Los miembros de la familia de un bebé con frecuencia tienen una necesidad abrumadora de contar con garantías de que el maestro de cuidado infantil sabe lo que está haciendo. Sus preguntas son más bien un reflejo de sus ansiedades y temores, y no tanto una evaluación de la competencia del maestro de cuidado infantil. Sus sentimientos exacerbados pueden impedir que ellos reconozcan el buen trabajo que usted está haciendo. Cuando los miembros de la familia expresan ansiedades y temores, generalmente conviene no tomarlo como una afronta personal. Como maestro de cuidado infantil, la mejor manera de tratar las preocupaciones de los miembros de la familia es demostrarles su competencia.

- Proporcione a los miembros de la familia información por escrito de su filosofía acerca del cuidado infantil, con detalles específicos sobre su programa de cuidado infantil.
- Enfatice sus prácticas de salud y seguridad.
- Exprese que usted ha considerado sus preocupaciones y las ha resuelto efectivamente.
- Comunique su deseo de aprender de ellos acerca de su hijo.

La importancia de la honestidad

Los miembros de la familia asignan una alta prioridad a tener un maestro que sea digno de confianza. La honestidad significa hacerles saber a los miembros de la familia acerca de los acontecimientos del día, aunque a veces sea difícil hablar de ellos. La comunicación franca ayuda a los miembros de la familia a formar una imagen clara de usted y de los demás miembros del personal en acción. Anime a los miembros de la familia a visitar el programa en cualquier momento y que se queden el tiempo que quieran.

OSP 14 134039   13-008 5/14 1M